IB 및 국가 교육과정 실현을 위한
언어 교과 개념 기반 교육과정 설계하기

DESIGNING A CONCEPT-BASED CURRICULUM
FOR ENGLISH LANGUAGE ARTS

Lois A. Lanning 저 | 김규대 · 김희정 · 박진아 공역
조현희 · 이수진 · 윤수정 감수

학지사

역자 서문

　역자들은 풀꽃 같은 마음으로 이 책을 번역하였다. 수많은 초등교사와 중·고등학교 언어 교사가 개념 기반 교육과정이라는 새로운 프레임워크를 통해 문해력이 자라는 교실을 만들어 가고 있다. 우리 역자들 역시 바로 그러한 교사이다. 급변하는 사회에서 학교는 새롭고 도전적인 과제에 수시로 직면하고 있다. 풀꽃 같은 교사들은 끈질긴 노력으로 어려움을 극복하며 교육 현장을 책임감 있게 지탱하고 있다. 생각하는 문화가 있는 학습 공동체 속에서 교사와 학생이 함께 성장할 수 있길 희망하며 역자들은 이 책을 펼치게 되었다.

　대구교육대학교 국제교육(International Baccalaureate: IB) 석사과정은 우리 역자들을 개념 기반 교육자의 길로 이끌어 주었다. IB 초·중등 및 디플로마 프로그램은 탐구에 기반하며 개념적 이해를 추구하는 교수 접근 방법을 제시한다. 린 에릭슨(H. Lynn Erickson) 박사가 창시한 개념 기반 교육과정과 수업(Concept-Based Curriculum and Instruction: CBCI)에 관한 이론은 IB 프로그램뿐만 아니라 학교 교육과정에서 국가 교육과정에 이르는 다양한 층위의 교육과정 설계에 국제적 영향력을 미치고 있다. 또한 로이스 래닝(Lois A. Lanning) 박사는 과정의 구조(Structure of Process)를 고려한 개념 기반 교육과정 설계 방안을 명료하게 제안하여 언어 교과를 위한 개념 기반 교육과정의 초석을 마련하였다. IB 중등교육 프로그램(MYP)은 래닝(2013)의 아이디어를 『Language and literature guide』(IBO, 2014) 및 『Language acquisition guide』 (IBO, 2020) 등에 두루 참고하고 있다. 과정의 구조에 관한 래닝의 통찰은 국어와 추가 언어 모두에 유효하다고 볼 수 있다.

사실과 소재에서 도출된 개념과 일반화로 이루어진 지식의 구조는 사회과 및 과학과 등에서 두드러지며, 기능, 전략, 과정에서 도출된 개념과 일반화로 이루어지는 과정의 구조는 국어과 및 영어과 등에서 더욱 강조된다. 그러나 초등교사인 역자들은 다양한 교과목에서 개념 기반 교육과정 교수·학습을 실천하며, 정도와 비중의 차이는 있으나 모든 교과가 지식의 구조와 과정의 구조를 품고 있음을 경험적으로 이해할 수 있었다. 교과마다 반드시 다루어야 할 기능이 있으므로 지식의 구조와 더불어 과정의 구조를 이해하는 것은 각 교과의 교사가 개념 기반 교육과정을 실행하는 데에 힘을 실어 준다. 특히 언어 교과를 과제 수행을 위한 도구로만 전용(轉用)하지 않기 위해 간학문 및 초학문적 교수·학습을 실행하는 교사는 과정의 구조를 더욱 깊이 이해할 필요가 있다.

우리나라의 2022 개정 교과 교육과정 역시 교과별 탐구를 통해 학습자가 스스로 의미를 발견해야 한다는 방향성을 제시하고 있다. 개념 기반 교육과정을 교육과정 설계의 방안으로 활용한다면 국가 교육과정의 목표가 보다 수월하고 효과적인 여정을 거쳐 학교 교육과정 또는 교사 교육과정으로 구현될 수 있을 것이다. 특히 국어, 영어, 중국어, 일본어 등과 같은 언어 교과를 가르치는 초·중등교사는 이 책을 통해 과정의 구조에 해당하는 다양한 개념과 일반화의 예를 찾아볼 수 있으며, 개념 기반 교육과정 단원 설계를 두루 살핌으로써 언어 교과를 위한 전이 가능한 학습에 관해 더욱 공고한 이해를 할 수 있을 것이다.

이 책에서 소개하는 단원 설계 사례는 언어 교과(English Language Arts: ELA)를 위한 미국 국가공통핵심기준(Common Core State Standards: CCSS)을 따르고 있다. 'English Language Arts'는 국내 연구에서 통상 영어과 또는 영어 교과로 직역되며, 우리나라 교육과정의 국어과에 가깝다. 따라서 역자들은 한국 독자의 이해를 돕고자

'ELA'를 우리의 영어과 또는 국어과로 옮기지 않고 '언어 교과'라는 새로운 용어를 선택하였다. 국어와 외국어 사이에 강력한 유사점이 있기에 이 책이 두 언어 교육에 모두 도움이 된다는 래닝(2013)의 관점은 우리의 결정에 힘을 실어 주었다.

　역자들은 교사, 연구자, 예비 교원, 대학원생 모두가 이 책을 통해 언어 교과를 위한 개념 기반 교육과정 설계에 지적 온전함(intellectual integrity)을 정립하길 바란다. 역자들이 언어 교과를 위한 개념 기반 교육과정의 식견을 넓혀 나가도록 참된 가르침을 주시고 이 책을 면밀히 감수해 주신 대구교육대학교 조현희 교수님, 이수진 교수님, 윤수정 교수님께 진심으로 감사의 말씀을 드린다. 개념 기반 교육자들을 위한 국제적 전문 학습(Professional Learning International: PLI)을 이끌며 역자들의 크고 작은 질문에 세심한 답변을 제공해 준 『생각하는 교실을 위한 개념 기반 교육과정 및 수업』의 공저자 레이첼 프렌치(Rachel French) 대표와 『Concept-Based Literacy Lessons』의 공저자 티파니 브라운(Tiffanee Brown) 선생님에게도 감사의 마음을 전한다. 끝으로 이 책을 펴낼 수 있도록 도움을 주신 학지사 김진환 대표님과 관계자 여러분께 감사의 말씀을 전한다.

2025년
역자 일동

추천사

언어는 개념 기반 탐구학습에서 흔히 탐구 과정과 결과물 공유를 위한 수단으로 사용되는 것으로 인식되지만, 이 책은 이러한 시각을 넘어 언어가 탐구의 목적이자 사고를 위한 도구라는 시각을 바탕으로 합니다. 이 책에는 언어 교수의 주요 구성 요소와 이에 따른 수업 설계 방법이 구체적인 예시와 함께 제공되어 있습니다. 이 점에서 이 책은 개념 기반 언어 교육에 관심 있는 모든 분을 위한 필독서라고 생각합니다. 교단에서 학생들을 가르치면서 석사과정을 수학하는 동시에 이 책을 번역하는 데 숱한 주말과 밤을 바쳤을 세 분의 교사에게 진심으로 감사와 축하를 보냅니다.

대구대학교 교육대학원 국제교육(IB) 전공 조현희 교수

미래 사회에 대비한 교실의 변혁을 꿈꾸는 교육자들에게 개념 기반 교육과정은 매력적인 말입니다. IB 교육에 대한 관심에 힘입어 널리 알려지기 시작한 개념 기반 교육과정은 2022 개정 교육과정의 방향성과 일치하여 더욱 관심의 초점이 되고 있습니다. 이 책은 사회, 과학 등의 내용 교육에 비하여 연구가 부족한 언어 교육에서의 적용을 본격적으로 고민하고 구체적인 사례를 제시하고 있습니다. 언어 능력의 본질을 탐구하여 깊이 있는 언어 교육을 하고 싶은 교사들, 읽기 · 쓰기 등의 언어 활동을 수단이 아닌 중심에 놓고 학습자 스스로 즐거움을 느끼게 하고 싶은 교사들에게 이 책이 좋은 동반자가 되리라 믿습니다.

대구대학교 교육대학원 국제교육(IB) 전공 이수진 교수

이 책은 학생들이 탐구하고 평생 학습자로 성장할 수 있도록 돕는 개념 기반 교육과정과 언어 교과 수업을 고민하는 많은 교육자에게 매우 유용한 길잡이입니다. 체계적인 단원 설계 사례와 학습 및 교수 전략을 통해 개념 기반 교육과정 이론을 실제 수업에 효과적으로 적용할 수 있는 다양한 방법을 제시하고 있습니다. 이를 통해 학습자의 참여도와 몰입을 돕고 촉진하여 학생이 주도적인 학습을 할 수 있는 환경을 조성하는 데 크게 이바지할 것입니다. 이번 출판은 2022 개정 교육과정의 개념 기반 언어 학습 지원에 매우 시기적절하며, 역자들의 노고에 깊은 감사를 표합니다. 이 책이 교육 현장에 새로운 변화를 일으킬 것을 기대합니다.

대구대학교 교육대학원 국제교육(IB) 전공 윤수정 교수

서문

여러분이 교사, 교장, 교육과정 리더 또는 수업 코치라면 교육자로서 멋진 경험을 하게 될 것이다.

로이스 래닝(Lois A. Lanning)의 책『언어 교과 개념 기반 교육과정 설계하기』는 오늘날 시중에 나와 있는 이 분야의 교육과정과 수업 설계에 대한 가장 진보적인 최첨단 치료법이다. 내가 이렇게 말하는 주요 이유는 다음의 세 가지이다.

1. 언어 교과(English language Arts) 수업을 위한 대부분의 책은 책의 '주제'를 최우선으로 가르치는 데 중점을 둔다. 과정, 기능, 수업 전략의 개발은 뒷전으로 밀려나는 것 같다.

2. 교사는 학생과 함께 작업할 때 소설(fiction)과 비소설(nonfiction) 등 다양한 자료를 사용하길 원하지만 교육구 교육과정에서는 특정 학습 단원에 사용해야 하는 특정 텍스트나 텍스트 목록을 지정하는 경우가 매우 흔하다.

3. 언어 교과 교육과정은 일반적으로 더 깊은 개념적 이해와 지식 전이 능력에 도달하지 못하는 책 제목과 기능 목표에 따라 계속 주도되고 있다.

래닝은 개별 소설 작품의 주제보다 훨씬 더 많은 것을 가르치는 개념 기반 언어 교과 단원 설계 방법 및 단계별 설명을 통해 이러한 고민을 덜어 준다. 교사는 학생이 다양한 유형의 문학 작품과 장르에 걸쳐 학습 내용을 전이할 수 있도록 내용, 과정, 전략 및 기능의 개념적 아이디어에 대한 이해를 개발하는 데 초점을 맞춘 단원 설계 방법을 배운다. 자료는 수업의 종착점이 아니다. 그것은 왜 그런지에 대한 더 깊은 개념적 이해를 개발하기 위한 도구이다. 여러 가지 정선된 텍스트 자료에 사용되는 이러한 과정, 기능 및 전략을 가르치고 배우는 이유는 무엇인가?

교육과정이 개념 기반이 아닐 때 우리는 내용과 기능 목표를 무의식적으로 '다루는' 경향이 있다. 즉, '교육과정을 이수하고 있다'는 만족감으로 동사와 소재 또는 기능을 확인하는 것이다.

그러나 이 전통적 방식에는 큰 문제가 있다. 학생이 학습하는 내용에 대한 개념적 이해를 하고 있다고 '가정'한다는 것이다. 지난 40년의 경험을 통해 나는 우리가 이러한 가정을 할 수 없다는 것을 분명히 깨달았다. 학생이 학습한 것을 유지하고 그 지식을 새로운 상황에 전이할 수 있기를 바란다면 사실과 과정, 개념적 수준의 지식과 이해 사이의 관계를 이해하도록 가르쳐야 한다. 우리는 수행 과제로 나타나는 가장 중요한 일반화 또는 원리에 대한 이해를 구축하는 수업을 제공해야 한다. 학생이 자신의 이해를 설득력 있게 설명하기 위해 학년이 올라갈수록 학문의 개념적 언어를 개발할 필요가 있다. 『언어 교과 개념 기반 교육과정 설계하기』는 교사에게 분리되고 단절된 기능 목록을 넘어선 교수를 지원하는 언어 교과 단원 설계에 대한 자세한 계획을 보여 줄 뿐만 아니라, 교육과정과 수업이 이해를 가정하는 것에서 이해를 위한 교수로 전환해야 하는 이유를 명확하게 설명하는 책이다.

어린 시절 받은 교육의 영향으로 제자가 교직의 길로 나아갈 때 교사는 크게 감격한다. 래닝이 내 수업을 받아들이고 확장하며 언어 교과에 대한 자신의 강력한 전문 분야를 창조해 내는 모습을 볼 때 나는 감격스러운 교사가 된 기분이다. 래닝은 17년 전 내 워크숍 중 하나에 참여했다. 워크숍이 끝날 때쯤 내게 다가왔는데 나는 개념 기반 교육과정과 수업을 위해 그녀가 "불타올랐다."라고 말할 수 있었다. 그 워크숍은 오늘날까지 계속되는 업무 관계와 우정으로 이어졌다. 여러분의 삶에 복잡한 생각을 공유할 수 있는 동료가 있고 그 사람이 자세한 설명 없이도 당신의 생각을 확장할 수 있다면 여러분은 내 말의 의미를 알 것이다.

여기서 고백할 게 있다. 처음 래닝을 만났을 때 나는 과정에 '개념'이 있다고 생각하지 않았다. 사실 나는 초기 책 중 하나에 '개념은 기능이나 과정이 아닌 내용에서만 찾을 수 있다.'라고 (잘못) 쓰기도 했다. 하지만 래닝을 내 입장을 재고하라고 계속해서 나를 부드럽게 쿡쿡 찔렀다. 나는 마침내 그녀가 절대적으로 옳았다는 것을 깨달았다. 과정에는 개념이 있으며 학생들이 여러 상황에 걸쳐 이러한 기대를 전이할 수 있으려면 언어 교과 성취기준 내에서 개념적 관계를 이해할 필요가 있다.

나는 특히 래닝이 배움을 얻고 이 책에서 기존 교육과정 설계에서 진정으로 벗어나는 아이디어를 개발했다는 사실에 매우 기쁘다. 여러분은 내 책에 나온 지식의 구조와 균형을 이루는 그녀의 과정의 구조 도식을 좋아할 것이다. 사실, 나는 개념 기반 교육과정이 언어 교과 영역에 어떻게 적용되는지 설명하려고 할 때 항상 불편했다. 나의 지식의 구조 도식은 소설 주제 학습 내용을 제외하고는 언어 교과와 어떻게 맞는지 제대로 설명하지 못했다. 나는 문제가 있다는 것을 알았다. 래닝이 언어 교과에 이렇게 귀중한 저술로 공헌했다는 것은 우리 모두에게 있어서 얼마나 행운인가! 그녀는 나의 스타 제자이자 훌륭한 동료이며 내 소중한 친구이다. 여러분은 그녀의 생각과 가르침을 즐기게 될 것이다.

H. 린 에릭슨(H. Lynn Erickson)

머리말

이 책을 쓰게 된 데는 몇 가지 이유가 있다. 첫째, 나는 질 높은 교육과정의 가치를 믿는다. 공교육에 종사하는 동안 나는 교사가 수업을 안내할 공통적이고 가치 있는 문서를 갖고 있지 않아서 발생하는 부정적인 결과를 목격했다. 둘째, 바른 방법으로 인간 학습에 관한 연구를 반영하는 양질의 교육과정 설계 과정을 직접 설명하기 위해 도전했다. 셋째, 나는 학습 과정에 매료되어 지성을 넓히고 이해한 내용을 시험하는 것을 좋아한다. 이 책을 쓰면서 확실히 이것을 성취하였다!

책을 쓰는 데 따르는 많은 시련과 고난은 일류 교육과정을 설계하는 과정과 유사하다. 교육과정을 작성하려면 시간, 인내, 끈기, 생각이 필요하다. 이는 빠른 해결책을 찾는 사람들에게는 나쁜 소식이지만 교수와 학습의 지속적인 개선에 전념하는 교육자는 교육과정을 우선순위 투자로 구별한다.

이 책을 집필한 나의 목표는 전 세계 수천 명의 교육자에게 변화를 준 린 에릭슨 (H. Lynn Erickson)이 개발한 강력한 교육과정 설계를 공유하고, 특히 이를 언어 교과 (English language Arts) 학문에 맞게 조정하는 것이다.

내 책의 토대는 에릭슨의 원칙에 충실하지만 과정에 기반한 학문에서 이를 달성할 방법을 정의한다. 내 교육 경력의 대부분이 문해력에 기반을 두고 있으므로 헌신적인 동료들과 함께 언어 교과에서 개념 기반 교육과정 설계가 어떤 모습일지 고민하는 데 상당한 시간을 들였다. 그 결과는 이 책에 설명되어 있으며 압도적으로 긍정적이었다.

이 책의 목적은 언어 교과를 위한 개념 기반 교육과정 설계의 미묘한 차이를 공유하는 것뿐만이 아니다. 중요하지만 종종 알기 어려운 수업 의도인 학습의 전이를 증진하기 위해 교육과정이 어떻게 교수를 지원할 수 있는가에 대한 이해를 독자에게 제공하는 것이다.

이 책은 언어 교과 교육과정 작성자를 위해 집필되었지만 내가 이 작업을 발표한 것을 들은 다른 분야의 교사들, 특히 외국어(world language) 교사는 이 설계가 그들의 학문에도 완벽하게 부합한다고 말한다. 두 언어 기반 학문 사이에는 강력한 유사점이 있다. 불행하게도 많은 사람은 여전히 제2언어 습득을 암기 및 연습의 과정으로 인식하고 학습의 유지 및 전이를 뒷받침하는 개념적 이해가 있다는 사실을 깨닫지 못하고 있다. 마지막으로, 이 책은 개념 기반 교육과정의 요소를 이해하여 교육과정 실행에 적절하고 필요한 지원을 제공해야 하는 관리자와 수업 리더를 위한 책이기도 하다.

책의 개요는 다음과 같다.

제1장은 교육과정이라는 용어와 교육과정이 왜 그렇게 중요한지에 대한 논의로 시작된다. 이 장은 개념 기반 교육과정 설계의 이론적 근거에 대한 소개로 마무리된다(Erickson, 2007; 2008).

제2장에서는 개념 기반 언어 교과 교육과정의 이론적 근거를 더 깊이 탐구한다. 이 장은 전통적인 언어 교과 교육과정과 개념 기반 교육과정을 비교하면서 시작된다. 덧붙여 제2장에서는 지식의 구조와 과정의 구조의 차이점을 지적한다. 개념 기반 교육과정에 대한 린 에릭슨의 중대한 작업은 학생의 적극적인 이해 구축을 촉진하는 것이 학습 과학에 대해 우리가 아는 것과 일치하는 교육과정 설계에서 시작된다는 것을 보여 준다. 에릭슨의 작업은 상황의 지식 측면에 초점을 맞추었고 이 책은 과정을 고려하며 에릭슨의 원리를 확장했다. 과정은 새로운 지식과 이해의 구성을 중재하는 데 도움

이 되며, 특히 언어와 의사소통에서 중요한 역할을 한다. 제2장의 설명은 지식과 과정의 상호작용을 더 자세히 설명하는 데 도움을 준다. 제2장은 개념 기반 교육과정에서 사용되는 주요 용어를 정의하고 또한 재정의함으로써 독자가 후속 장을 이해할 수 있도록 준비하는 데도 중요하다. 이러한 기초가 없으면 익숙하지 않은 용어에 길을 잃기 쉽다. 제2장은 개념 기반 교육과정 설계에서 가장 주목할 만한 몇 가지 지원을 강조하며 결론을 내린다.

인지적으로 힘들고 소화하는 데 시간이 걸릴 것 같은 일이 있다면 우리 중 많은 사람이 '일단 시작하기'를 좋아한다. 빨리 시작할수록 더 빨리 끝에 도달할 수 있다! 제3장에서는 이것이 교육과정 개발의 경우에 해당하지 않는다고 경고한다. 작업은 복잡하며 구성 요소는 많다. 수업과 학생 학습의 변화 측면에서 양질의 교육과정으로 성과를 거두려면 향후 교육과정 작업에 적합한 하중 능력을 제공할 기반을 구축하는 데 시간을 투자해야 한다.

제4~8장에서는 개념 기반 언어 교과 교육과정 설계에 대한 전문 지식을 구축하는 데 필요한 명시적인 지침을 제공한다. 이 장에 삽입된 많은 예와 조언이 각 단계를 뒷받침하는 생각을 설명한다. 각 단계에는 개념 기반 교육과정에서 언어 교과에 대한 국가공통핵심기준(Common Core State Standards for English Language Arts)을 활용하는 방법이 포함된다. 이 장은 이 책의 심장이자 영혼이다.

제9장에서는 다양한 교육구와 학년 수준의 모델 단원 사례를 제공한다. 이러한 사례는 독자가 모든 단계를 하나의 연결된 전체로 통합하는 데 도움을 준다. 또한 이 책을 사용하는 교육과정 작성자의 사고에 대한 발판 역할을 할 수 있다.

마지막으로, 제10장에서는 내가 수년 동안 함께 일할 기회를 가졌던 뛰어난 많은 전문가의 '목소리'를 포착한다. 그들의 이야기가 이 풍요롭고 보람찬 길을 가고 있는 다른 사람에게 도움을 주고 길을 안내해 주길 바란다.

이 책이 시중에 나와 있는 다른 교육과정 설계 책과 비교되는 이유는 무엇인가? 나는 이 책이 개념 기반 모델의 장점을 포착하고 이를 가장 포괄적이고 필수적인 분야

중 하나인 언어 교과에 맞게 조정했다고 믿는다. 이 책을 읽으면서 교사와 학생을 위해 비전을 현실로 만들겠다는 확신을 가지고 모든 교육과정에 관한 새로운 비전이 떠오르길 바란다.

감사의 말

　교육과정 작성은 교사를 위한 가치 있고 자원 집약적인 전문성 개발 활동이기 때문에 교육구 리더가 '제대로 하는 것'이 매우 중요하다. 나는 내 경력 전반에 걸쳐 많은 교육과정 설계를 경험했다. 내가 교육과정 설계에 대해 중요하다고 믿는 모든 것이 하나로 통합된 것은 린 에릭슨(H. Lynn Erickson)의 작업을 발견한 후였다.

　1995년 매사추세츠주에서 열린 한 학회에서 에릭슨을 처음 만났다. 개념 기반 교육과정에 대한 그녀의 발표는 나에게 "아하!"를 불러일으켰고 내 마음은 즉시 무엇을 가르치고 배울 수 있을지에 대한 가능성에 달려들기 시작했다. 나는 그 후 곧장 에릭슨에게 연락했고 그녀는 우리 지역으로 찾아와 동료이자 멋진 친구로서 우리의 여정이 시작되었다.

　에릭슨과 나는 교육자들이 개념 기반 교육과정과 수업의 힘을 이해하도록 돕기 위해 수년간 긴밀히 협력해 왔다. 그녀의 심오한 통찰력과 설득력 있는 아이디어는 내 생각과 실천에서 최고의 결과를 계속 끌어낸다. 나는 우리가 지나온 삶의 길에 대해 영원토록 감사할 것이다.

차례

제1부

교육과정 설계 준비하기

설계 과정 소개

제4장　교육과정 설계하기: 1단계와 2단계　87

제5장　교육과정 설계하기: 3단계　93

제3부

개념 기반 교육과정의 실제

『언어 교과 개념 기반 교육과정 설계하기』와 관련된
추가적 자료들은 다음 누리집에서 찾아볼 수 있습니다.
www.corwin.com/conceptbasedcurriculumK-12

제1부

교육과정 설계 준비하기

제1장

교수와 학습에서 교육과정의 중요성

밝고 선명한 날에 가을이 여름의 남은 날을 추월하기 시작하는 미묘한 기류가 흐른다. 나는 수업을 하러 가고 있다. 야심찬 관리자에게 이 대학원 수준의 교육과정 수업을 가르치는 것은 나에게 활력을 준다. 많은 전문적 문헌에서는 양질의 교육과정이 교수와 학습에 얼마나 근본적인 역할을 하는지 설명한다(Hattie, 2009; Marzano, 2003; Schmoder, 2011). 그러므로 미래의 학교 지도자를 위한 관리자 인증 프로그램의 일환으로 그 주제에 전념하는 전체 강좌가 있다는 것은 기쁜 일이다. 하지만 내가 이 수업을 기대하는 만큼 많은 학생으로부터 그들 학교의 교육과정 상황에 대해 듣게 될 이야기에 대해 마음의 준비를 한다. 매년 여러 수강생이 교육과정이 없는, 또는 교육과정이 너무 오래되고 방치되어 사람들이 그것을 어디서 찾아야 할지조차 모르는 교육구나 학교에서 일하거나 기간제를 한다고 말한다.

교육과정이라는 용어는 종종 오해를 받는다. 어떤 교육자는 주 성취기준(state standards)을 '교육과정'이라고 부른다. 교사에게 교육과정에 대해 물어 볼 때 자주 하는 대답은 "우리는 주 평가에 대한 기대치를 교육과정으로 다뤄야 한다."이다. 또는 설사 교육구 교육과정 문서가 존재하더라도 많은 교육자는 다양한 회사와 출판사의 교과서와 프로그램을 교육과정으로 생각한다. 교육과정을 설명하는 데 더 많은 형용사가 사용되면서 교육과정이 실제로 무엇을 의미하는지에 대한 혼란은 가중되고 있는 것 같다. 엄격한, 관련성이 있는, 21세기의, 성취기준 기반의, 개념 기반의, 시대를 초월하며 시기적절한, 차별화된, 나선형의, 목적성이 있는 …… 목록은 계속된다. 이러한 설명의 혼란 외에도 고전 교육과정, 핵심 지식 교육과정, AP(Advanced Placement), 국제 바칼로레아(International Baccalaureate: IB)와 같은 다양한 저자와 조직이 옹호하는 전문화된 교육과정의 이름이 있다. 혼란스러워 하는 부모나 지역사회 구성원에게 교육과정을 설명하려고 할 때 실천가가 용어의 수렁에 빠지는 것은 당연하다!

어떻게 학습하는지에 대한 이론이 더 발달하고 더 많은 교육과정 작성자가 이러한 당대 지식을 그들의 교육과정에 적용하려고 시도함에 따라 새로운 용어가 계속 등장하고 있다. 글래손(Glatthorn, 1987)에 따르면 교사와 행정가는 앞의 예에서 설명했듯이 작성하고, 가르치고, 시험 치는 교육과정에 집중하는 것이 일반적이다. 그러나 이 각각의 교육과정을 따로따로 고려할 때 정렬에 큰 문제가 발생할 수 있거나 일련의 기대치가 다른 것을 위해 희생될 수 있다. 교육과정이 성취기준(standards) 및 평가의 기대치에 부합하는지 확인하는 데 교육구가 시간을 투자하고 지역 교육과정이 교실 전반에 걸쳐 활용될 때 학생 성취도에 긍정적이고 중요한 영향을 미친다는 것이 입증되었다. ERS(Educational Research Service, 2003) 기사에 나타난 빈(Bean)의 관점에 따르면 '그' 교육과정이 전체적으로 일관성 있으며 교육과정의 부분이 전체의 감각으로 통합되고 연결될 때 더 크고 설득력 있는 목적을 전달한다. 이것이 바로 교사가 교육과정을 통해 큰 그림을 볼 수 있도록 하는 주된 이유이다. 전체를 보는 것은 수업, 평가 및 전문성 개발이 무엇인지 이해하는 데 필수적이다.

초임 시절 내게 큰 영향을 준 사람은 조셉 유키쉬(Joseph Yukish)였다. 그는 읽기 관리 전공 석사과정을 담당하는 여러 과목의 교수였다. 그의 수업은 어려웠지만 나는 여전히 존경하는 마음으로 그 수업을 기억한다. 나는 내용과 과제의 관련성을 이해했기 때문에 압박받는 것을 진정으로 즐겼다. 전체를 명확하게 이해하는 방식으로 읽기를 가르치는 복잡한 과정에 대해 알게 되었고 그 과정의 모든 복잡한 조각이 어떻게 조화를 이루는지 알게 되었다. 조셉 박사의 수업에 대한 요구사항은 "고군분투하는 독자에게 처음에 어려움 없이 접근하고 구축할 수 있는 실제 문학의 맥락에서 '전체, 부분, 전체' 이론을 통해 중요한 전략과 기능을 가르쳐라."였다. 이 자명한 이치는 그 이후로 내 생각을 이끌어 왔다.

또한 내가 가장 좋아하는 작가이자 연구자인 데이비드 퍼킨스(David Perkins)는 후속적이고 더 어려운 부분을 가르치기 전에 학생이 참여할 수 있는 큰 그림(전체)에 대해 접근 가능한 비전을 제공하는 것이 얼마나 중요한지 논의한다. 퍼킨스는 자신의 저서인 『Making Learning Whole(2009)』에서 분리된 조각을 해부하기 전에 학습을 전체적이고 일관되게 만드는 프레임워크를 통해 교육이 탈바꿈될 수 있다고 주장한다. 전체를 이해하지 못하면 부분은 의미가 없다.

이 책의 대부분은 데이비드 퍼킨스의 사고와 글을 중심으로 구성되어 있다. 내가 『Making Learning Whole』을 처음 읽었을 때 나는 즉시 그의 아이디어를 내 가장 최근 작업인 다른 사람에게 개념 기반 교육과정 설계 방법을 가르치는 일과 연결했다 (Erickson, 2007; 2008). 퍼킨스의 생각은 효과적인 교수와 학습을 더욱 발전시킬 수 있도록 언어 교과(English language arts) 교육과정을 재설계해야 한다는 나의 주장을 더욱 강화시켰다. 퍼킨스가 개념 기반 언어 교과 교육과정에 대해 특별히 언급하진 않지만 나는 그의 원칙이 이 교육과정 설계를 뒷받침한다고 생각한다.

종합 계획으로서의 교육과정

당신의 금융 자산을 관리하고 성장시키는 책임을 지닌 사람과 당신의 자녀를 돌보는 사람은 많은 공통점이 있다. 당신은 귀중한 것을 다른 사람에게 맡기고 있다. 둘다 당신과 당신의 자녀를 위한 미래를 계획하고 있다. 최근에 겨우 짬을 내어 마사지를 받으며 교육자가 이 책임에 어떻게 대처해야 하는지 알게 되었다. 내 어깨를 10분간 작업한 마사지사는 "혹시 선생님이세요?"라고 물었다. 그녀는 교육자가 스트레스를 매우 많이 받기 때문에 언제나 그들을 알아차릴 수 있다고 주장했다.

교사는 자신의 책임이 막중하다는 것을 느낀다. 그들은 교실 밖의 다른 여러 역할과 과제를 동시에 처리하며 다양한 이해관계에 의해 모든 학생의 요구를 충족시키는 책무성을 지고 있다. 교사에게 그의 일에 대한 정보를 제공하고 안내하며 실행할 수 있고 이해 가능한 관련성 높은 교육과정이 없다면 일은 더욱 스트레스가 되며 어렵고 불분명해진다. 교사는 오로지 자기 능력에 따라 종종 교과서, 인터넷, 소프트웨어 프로그램 또는 기타 사전 제작된 수업에 의지하며 이러한 자원이 학생에게 기대되는 성취기준을 충족하는 데 도움이 되도록 최선의 판단을 내린다. 교사의 일일 수업 계획 간 극심한 차이는 학생이 같은 시스템 내에서 교실, 학년, 학교 전반에 걸쳐 불균등한 경험을 한다는 것을 의미한다. 학생이 한 학년 또는 과목(course)에서 다음으로 넘어갈 때 그 격차는 더욱 문제가 된다. 이 시나리오에서 교사와 학생은 상당한 노력을 기울임에도 불구하고 질 높고 일관성 있는 교육과정이 부족하여 지역과 주의 고부담(high-stakes) 시험에서 기대 이하의 학생 성과가 나타난다.

수업 계획의 기초로서 교사가 잘 설계된 교육과정을 갖추는 것은 교육구의 기본적이고 필수적인 책임이다. 종합 계획(master plan)으로서 교육과정이 없으면 교사는 무언가를 가르치고 학생은 배우지만 그것은 올바른 '무언가'가 아닐 수도 있고 앞으로 있을 일과 관련이 없을 수도 있다. 많은 사람이 학교 개선에 있어서 교육과정의 일관성이 중요한 역할을 한다고 말한다(Newmann, Smith, Allensworth, & Bryk, 2001). 질 높은 지역 교육과정에 집중하고 지속적인 관심을 기울이면 강력한 수업을 설계하고 학생 작업을 공유하며 파악된 문제를 함께 해결하기 위한 교사 협업을 촉진할 것이다. 연구 결과에 따르면 모든 연령대의 학생은 자신의 경험이 서로 연결되고 구축될 때 학습할 가능성이 크므로 학생도 혜택을 볼 수 있다(Bransford, Brown, & Cocking, 1999). 다시 말해 학습 경험이 단절되면 성장을 실현하기가 훨씬 더 어렵다. 일관성 있는 수업은 학생이 더 큰 전체를 볼 수 있도록 도와주고 이는 동기 부여와 참여를 촉진한다.

'종합' 교육과정은 파급 효과를 만든다. 평가와 수업이 교육과정과 일치할수록 전문성 개발을 위한 선택과 필요가 더욱 명확해진다. 이런 요소 간의 일관성이 높아지면 교사가 무엇을 어떻게 가르치길 기대하는지 이를 달성하는 데 필수적인 지원이 더욱 분명해진다. 교육구의 교육과정을 통한 강력한 프로그램 일관성이 모든 교사가 같은 날, 같은 페이지에 있는 일관된 수업을 동시에 하는 것으로 해석되어서는 안 된다. 교육과정 문서에는 여전히 교육과정 로드맵을 따르는 개별화(differentiation)의 여지가 있어야 한다. 교육과정은 모든 교사에게 베이지색 하나만 강요할 정도로 좁게 정의되어서는 안 되지만, 다른 한편으로는 교육구 전체에 걸쳐 지속적으로 유지되는 초점을 잃을 정도로 공통적인 기대에 대해 너무 느슨하거나 모호해서도 안 된다.

성취기준은 일관성을 촉진하는 첫 번째 단계이다. 하지만 성취기준이 교육과정은 아니다. 긴 성취기준 목록은 언제 무엇을 가르칠지 파악하려는 교사에게 금세 부담이 될 수 있다. 게다가 성취기준은 학문 내용이나 일관성을 다루지 않는다. 사용하기 편하게 조직된 교육구 교육과정은 교사에게 더 관리하기 쉬운 자료가 되며, 적절하게 설계되었을 때 교사가 그 교육과정을 따를 경우 성취 기준이 충족될 것이라는 확신을 준다. 교육과정은 교사에게 한 해 전체를 그려 주는 '종합 계획'이다.

개념 기반 교육과정이란 무엇인가

개념적으로 조직된 교육과정 또는 개념 기반 교육과정은 주로 소재(topics), 기능(skills) 및 사실(facts)을 기반으로 하는 전통적 교육과정에서 출발한다. 개념 기반 교육과정은 학문의 중요한 개념적 아이디어(conceptual ideas)를 전이(transfer)하는 데 중점을 두고 시너지를 내는 사고(synergistic thinking)를 촉진하므로 또 다른 차원에 이르게 한다(Erickson, 2008). 에릭슨은 시너지적 사고를 뇌의 하위 처리 센터와 상위 처리 센터의 사이에서 발생하는 상호작용 에너지로 정의한다. 지성(the intellect)을 개발하고 학습 동기를 높이기 위해 교육과정과 수업은 학생 사고의 낮은(사실적) 차원과 높은(개념적) 차원 사이에 반드시 의도적으로 '시너지(synergy)'를 창출해야 한다.

"개념 기반 교육과정은 교육과정 설계, 수업 및 평가의 기준을 높인다"(Erickson, 2008, p. 28). 한 학문의 주요 개념(아이디어)이 학습의 '동력'이 될 때 우리는 학생이 다양한 상황에 걸쳐 전이되는 더 깊은 이해를 하도록 이끈다. 기초 기능과 중요한 내용 지식(사실)은 여전히 개념 기반 교육과정의 중요한 구성 요소이다. 그러나 개념을 포함하면 더 복잡한 기능과 사실적 예에 관련성을 부여함으로써 학생의 사고와 학습 유지를 강화한다. 이에 대한 더 많은 내용은 다음 장에서 설명할 것이다.

개념 기반 교육과정은 학문의 중요한 개념적 아이디어를 전이하는 데 중점을 두고 있으며 시너지를 내는 사고를 촉진한다.

시너지를 내는 사고는 뇌의 하위 처리 센터와 상위 처리 센터 사이에서 발생하는 상호작용 에너지이다.

언어 교과 교육과정에 포함되어야 하는 개념을 고려하자면 궁극적으로 교육과정 작성자 간의 대화가 책과 기능의 목록을 넘어 학생이 확실히 이해하길 바라는 필수적인 아이디어를 고려하는 쪽으로 이동한다. 예를 들어, 목소리(voice)라는 아이디어를 이해하는 학생은 독자로서 모든 저자의 언어 사용을 인식하고 감상하며 평가하는 능력이 더 뛰어나다. 또한 작가로서 작품에서 특정한 어조나 분위기를 만드는 데 필요한 기능에 대해 이해한다.

에릭슨(Erickson, 2008)은 개념적 이해가 내용 지식을 요구하기 때문에 교육과정의 개념적 구조가 중요하며, 그 역이 성립하지 않음을 지적한다. 이렇게 교육과정을 설계함으로써 교사는 학생이 매년 숙달해야 하는 개념과 이해를 분명하게 한다. 이는 다시 '큰 그림'을 분명하게 만들기의 중요성과 관련이 있다. 우리는 모든 교사가 더 깊은 이해와 전이를 촉진할 학문의 중요한 아이디어를 독립적으로 파악할 것이라고 가정할 수 없다.

주의 사항　교사에게 특정 분야에 대한 중요하고 전이 가능한(transferable) 아이디어 목록을 알리는 것만으로는 양질의 개념 기반 교육과정으로 직접 바뀌지 않는다. 인생이 이렇게 단순할 수만 있다면! 교육과정의 각 구성 요소는 학생이 이해하고, 알고, 할 수 있어야 하는 것을 분명하게 표현하는 일관된 '전체'로 주의 깊게 구성된다. 보다시피 개념 기반 교육과정 작성 과정에는 여러 계층이 있다. 이것이 교육과정 팀에서 기록이 필수적인 이유이다. 단독 교육과정 작성자는 다른 사람의 통찰력과 기여를 거부하며 최종 결과물은 이러한 단점을 반영한다.

개념 기반 언어 교과 교육과정의 '모습'과 그것이 어떻게 개발되는지는 앞으로의 장에서 훨씬 더 깊이 논의된다. 중요한 것은 양질의 교육과정을 갖추는 것이 교육구나 학교가 실현할 학생 성과 결과에 직접적인 영향을 미친다는 것이다. 국가공통핵심기준(www.corestandards.org)은 학생이 보여 주기를 기대하는 수행(performances)을 목표로 한다. 교사에게 이해를 가르치는 방법에 대한 분명하고 모호하지 않은 그림을 제공하는 교육과정을 설계하지 않으면 국가공통핵심기준(the Common Core

State Standards)은 학생 학습이나 국가 교육 상태에 영향을 미치지 못하는 또 다른 계획이 될 것이다.

코네티컷주 뉴타운에 있는 뉴타운 고등학교의 반성적 실천가인 아비가일 마크스(Abigail Marks, 개인 서신, 2012년 2월 24일)가 이를 다음과 같이 매우 잘 요약한 것 같다.

8년간의 교직 생활 가운데 나는 여러 차례 여름 동안 교육과정 개발에 참여해 왔으며 우리가 무엇을 하고 어떻게 하는지 검토할 기회를 항상 고대하고 있다. 우리의 교육과정은 비공식적으로 항상 교육구 성취 기준에 맞춰져 왔다. 동료와 나는 언제나 기능이나 개념보다는 가르치는 책에 대해 더 많이 이야기하는 것 같다. 우리는 대체로 의견이 같음을 이해하고 있으나 나는 매년 동학년의 몇몇 교사들이 내가 가르치지 않는 기능을 가르치고 있음을 발견하거나 그 반대의 경우에 놀란다.

우리 주에서는 국가공통핵심기준을 채택함과 동시에 개념 기반 교육과정을 도입했다. 이것은 기존 교육과정을 국가공통핵심기준과 융합하는 데 영감을 주고 유용하기까지 했다. 또한 국가공통핵심기준으로의 전환을 덜 힘들어 보이게 했다. 개념 기반 교육과정이 기능과 개념을 가르치는 데 있어서 우리 학과의 정렬에 어떤 영향을 미칠지 사실 기대된다. 우리는 학생이 진정 수직적으로 정렬된 학습 경험을 할 것이라고 막연하게 가정하기보다 제대로 알고서 앞으로 나아갈 것이다.

나는 개념 기반 교육과정을 각 교사가 자신의 특정 집단의 학생을 위한 경험과 학습 활동을 구축할 수 있는 기반으로 생각한다. 나는 항상 교사로서 선택하는 능력을 중요하게 생각하며 획일화를 두려워했지만 개념 기반 교육과정은 창의성을 저해하지 않으면서도 강력한 통일감을 제공하고 교사로서 자신의 장점을 발휘할 수 있는 능력을 제공할 것이라고 믿는다.

－아비 마크스(Abi Marks), 고등학교 언어 교과(English) 교사

제2장

개념 기반 언어 교과 교육과정의 구성 요소

이것을 상상해 보라

당신은 교실에 배정된 새로운 기간제 교사이다. 안으로 들어가서 벽을 둘러 보라. 그것은 여러 가지 색상의 마커로 나열하고 수정한 학생의 답변과 생각이 달린 질문을 제시하는 차트로 채워져 있다. 당신은 "성격 특성과 신체적 특성의 차이점은 무엇입니까?"라는 질문 아래에 나열된 답변 중 일부를 흥미롭게 읽었다. 분명히 차트는 이 교실에서 일어나는 학습의 살아 있는 부분이다.

당신은 또한 인용된 여러 책의 인물의 예와 함께 방 앞쪽에 인물 관계라는 단어가 게시되어 있는 것을 본다. 흠, 이 교실에서 모든 사람이 똑같은 책을 읽고 있는 것은 아니다. 이제 그것은 흥미롭다! 다양한 학생 작업이 '지금까지의 일반화(Generalizations)'라는 제목의 특별 섹션과 함께 벽에 걸려 있다. 다양한 문장 조각이 이 섹션을 채우고 진술문은 학생이 지금까지 수업에 대해 도출한 결론처럼 보인다.

교실은 인쇄물이 풍부하고 책, 잡지, 신문으로 가득 차 있다. 컴퓨터는 접근 가능하며 학생들은 필요에 따라 독립적으로 컴퓨터를 사용할 수 있다. 학생이 소그룹에서 서로 대화할 때 목소리가 웅성거린다. 그들은 너무 집중해서 당신을 알아차리지도 못한다. 조금 돌아다니다 보니 각 모둠 학생들은 "작가는 독자가 인물에 대해 추론하는 데 도움이 되는 명시적 증거와 암시적 증거를 어떻게 삽입합니까?"라는 질문에 대답하기 위해 자신의 특정 책에서 증거를 찾아내고 있다. '결정적 순간' '목소리' '대화'와 같이 학생이 사용하는 언어는 전문가처럼 들린다.

학생은 대화에서 사용하는 단어뿐만 아니라 제시된 질문에 대한 자신의 답변을 구성함으로써 개념적 이해를 보여 준다. 모든 모둠이 같은 방식으로 응답하는 것은 아니다. 한 모둠은 그래픽 조직자를 디자인하며 완성하고 있고, 다른 모둠은 인용된 쪽수 번호가 있는 책의 사례 목록을 만들고 있으며, 또 다른 모둠은 한 학생이 작가 역할을 하여 다른 학생과 인터뷰하는 촌극을 만들고 있다. 교사는 모둠에서 모둠으로 이동하면서 질문을 제기하고 모둠이 발견한 내용을 학급과 공유해야 하기까지 남은 시간을 상기시키며 때로는 개별 지원을 위해 한두 명의 학생을 따로 불러낸다. 처음에는 당신이 교사를 찾는 데 어려움을 겪을 것이다! 교사는 모든 학생이 하고 있는 작업을 지속적으로 살펴보고 모둠의 활발한 토론에 참여하면서 벽에 걸린 차트나 단어를 자주 참조한다.

앞에서 설명한 교실의 학습자는 미래에 도움이 될 일에 참여하고 있는 것이 분명하다. 이 수업은 특히 학생의 작가 기법에 대한 분석을 안내하며 이를 통해 자신의 읽기와 쓰기에 대한 이해를 강화한다. 교사는 내용과 복잡한 기능을 개념적 이해 수준으로 옮기는 목적 있는 방식으로 수업을 구성하고 있다. 그렇게 함으로써 그녀의 학생들은 인지적으로 확장되고 동기가 부여된다. (어느 정도는 관심이 있고 좌절감 없이 읽을 수 있는 텍스트(text)를 선택하여 읽고 있기 때문이다.) 과제의 설계에서 학생들이 지식을 쏟아붓는 것이 아니라 지식을 생산하도록 요구한다. 교사가 매일의 활동과 학습 단원(unit of study)의 주요 개념을 의식적으로 연결하는 것은 학생이 자신의 개념적 이해(conceptual understandings)를 새로운 과제와 상황에 성공적으로 전이(transfer)할 가능성이 더 크다는 것을 의미한다. 이것이 학교 교육의 중요한 목표이다.

이 장에서는 개념 기반 언어 교과(English language arts) 교육과정의 구성 요소를 정의하겠다. 앞에 설명된 교실의 교육과정, 교실 속 장면에서 목격된 학생 참여와 학습을 알게 될 것이다. 때로는 용어가 압도적일 수 있다. 두려워하지 마라! 다음 장에서는 교육과정을 설계하는 과정을 훨씬 더 작은 단계로 나누고 다양한 예를 제공할 것이다. 이 장은 필요에 따라 참조 지점으로 사용될 수 있다. 나는 정의를 명확하게 하고 아이디어를 순차적으로 만들기 위해 최선을 다할 것이다. 하지만 먼저 앞에서 설명한 수업을 주도하는 교육과정이 전통적인 교육과정 및 교수와 어떻게 다른지 살펴 보겠다.

전통적 교육과정과 전통적 교수

제1장에서 논의된 바와 같이 몇몇 교사는 아직도 무엇을 가르쳐야 하는지에 대해 한정된 범위 내에서 다루는 책 목록에 의존한다. 코네티컷주 뉴타운 출신의 경력 많은 고등학교 국어 선생님인 캐시 스위프트(Kathy Swift)는 2012년 2월 25일 개인적 대화에서 이렇게 회상했다. "1984년, 내가 처음 가르친 과제는 영어 II(English II)와 창의적 글쓰기 과정을 포함했다. 두 강좌 모두 책 목록, 기간이 함께 제공되었다. 나는 어떤 책이 캐릭터를 위한 것인지, 어떤 책이 주제(theme)를 위한 것인지 등을 물었던 기억이 난다. '네가 원하는 것은 무엇이든'이 답이었다." 성취기준을 충족해야 하는 압박이 심해지고 공교육의 신뢰도가 떨어지는 시대에 이러한 접근은 특히 역효과를 냈다. 우리는 전세를 뒤집을 수 있다!

언어 교과 교육과정의 전통적인 구조와 매우 흔히 이와 함께 가는 수업에는 마이크로칩의 등장으로 인해 확장된 문해력 기대치를 따라잡을 수 없다는 문제점이 있다. 우리는 더 이상 학생에게 읽기, 쓰기, 말하기, 듣기, 보기, 발표하기의 과정을 독립된 개체로 공부하라고 요구할 수 없다. 학급의 많은 학생이 관심 갖지 않는 단일한 텍스트에 대해 몇 주 내내 연이어 질문을 하면서 학생을 끌어모아 봤자 그것은 이해를 증진시키지 못한다. 사실 소중한 시간이 종종 최소한의 학습성과를 내며 낭비된다. 우리가 약간의 기능으로 학생을 시험하거나 사실을 되짚어 보라고 요구할 때 그는 시험에서 높은 점수를 받을 수는 있지만 다음 텍스트나 학습 상황으로 역량을 전이할 수 없다. 이러한 모순된 경험은 학생을 혼란스럽게 하고 그가 포기하거나 이해가 부족하다고 쓸데없는 열심을 내어 더 공부하도록 만들 수 있다.

과정과 내용에 연결된 개념적 이해를 명시적으로 확인함으로써 수업과 평가를 안내하는 교육과정 설계는 이러한 순환을 깨뜨릴 것이다. 언어 교과 교육과정의 기준을 높이는 것은 중요한 첫 번째 단계이다. 탐구와 귀납적 교수를 사용하여 학생을 개념적 이해로 이끄는 것은 텍스트에 대해 깊이 있는 이해를 창출할 뿐만 아니라 저차원과 고차원적인 개념적 수준의 사고 간에 시너지를 내는 사고(synergistic thinking)를 자극함으로써 개인적 지성을 발달시킨다. 또 이러한 학생 개인 지성의 참여는 학습 동기를 증가시키는데 각 학생의 개인적 생각이 중요시되기 때문이다.

전통적 교육과정 설계에서 개념 기반 교육과정 설계로

대부분의 전통적인 언어 교과 교육과정은 2차원 설계 모델을 나타낸다. 2차원은 전형적으로 학생이 수행할 것으로 기대하는 구체적인 전략과 기능을 포함한 ① 과정과, 학생이 학습할 것으로 기대하는 ② 내용 지식이다. 개념 기반 교육과정을 설계하기 위해서는 세 번째 차원인 '개념적 이해'가 표현되어야 한다(Erickson, 2007; 2008, [그림 2-1] 참조). 이해할 때 학생들은 학습을 더 잘 유지하고 전이할 수 있다. 학생은 특정한 책에 대한 정보를 되짚어 보고 일상적인 글쓰기 기능을 실행할 수 있지만, 더 깊이 있는 개념적 이해가 없다면 더 능력 있고 자신감 있는 독자와 작가처럼 생각하거나 수행하거나 느낄 수 없을 것이다.

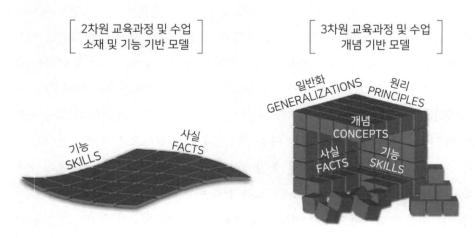

[그림 2-1] **2차원 교육과정 대 3차원 교육과정**

3차원의 이해는 개념과 일반화를 통해 개념 기반 교육과정에서 나타난다. 더 진행하기 전에 이러한 중요한 용어들을 이해해야 한다. 먼저 개념(concept)이 무엇인지 정의해 보겠다. 개념이란 다음과 같은 정신적 구성체이다.

● 시간을 초월하며

● 보편적이고

● (정도는 다양하지만) 추상적이다(Erickson, 2008, p. 30).

언어 교과에서 개념은 눈앞에 있는 예(example) 이상의 사고를 끌어낸다. 더 자세히 설명하자면 '인물'의 개념은 유치원생에게 매우 추상적이다. 교사

> 개념은 시간을 초월하며 보편적이고 (정도는 다양하지만) 추상적인 정신적 구성체이다.

의 질문에 대해 아이는 이야기의 특정한 인물을 정확하게 식별할 수 있지만(기능), '인물'을 개념으로서 이해하지 못한다. 교사가 계속해서 여러 종류의 많은 텍스트(texts)에 걸쳐 풍부한 예를 제공할 때 학생은 '인물'이라는 아이디어의 개념적 패턴을 보기 시작한다. 개념은 시대를 초월하기 때문에, 그것은 수년 전 학문과 관련이 있고 오늘날에도 여전히 관련이 있고 미래에도 관련이 있을 것이다. 개념은 보편적이기 때문에 그 개념의 예는 상황과 문화에 걸쳐 발견될 수 있다.

개념은 명사(고유 명사나 대명사가 절대 아님)이고, 1~2개의 단어일 수 있으며, 공통 속성을 공유하는 서로 다른 예로 나타난다. 텍스트를 가로지르는 다양한 '인물'의 예가 분명히 존재하지만, 각각의 예는 더 큰 상상의 상황에서 독특한 개성을 가진 허구적 인물을 나타내며 각각의 인물은 이야기를 진행하는 역할을 한다.

개념은 언어 교과 교육과정을 구성하는 데 도움이 되며 각 교육과정 단원별로 일반화를 작성할 때 중요한 요소이다.

일반화(generalizations)는 개념 기반 교육과정의 중요한 구성 요소이다. 일반화는 수업과 평가를 지휘하는 명확하고 설득력 있는 이해의 진술문이다. 어떤 저자는 일반화를 영속적 이해, 본질적 이해, 또는 빅 아이디어(enduring understandings, essential understandings, big ideas)라고 말한다. 일반화는 개념과 동일한 기준을 준수한다. 에릭

슨(2008)은 일반화를 다음과 같이 정의한다.

- 범위가 넓고 추상적인
- 보편적으로 적용되는
- 일반적으로 시대를 초월하는(만약 모든 경우에 참이 아니라면 수식어가 필요할 수 있다.)
- 일반화를 뒷받침하는 다양한 예가 나타나는
- 두 개 이상의 개념이 관계적으로 진술되는

일반화에는 고유 명사나 대명사가 없어야 하며 과거형 또는 미래형 동사가 없어야 한다. (그래서 이해 진술문이 시간과 상황에 걸쳐 전이될 수 있도록 한다.)

예를 들어 다음 문장은 일반화가 **아니다**. 과거형 진술문이며 특정 등장인물과 책을 나타내므로 전이가 되지 않기 때문이다.

해리라는 인물은 많은 사람에게 영웅이었다.

> 일반화는 단원 학습을 마칠 때까지 학습자가 깨닫기를 바라는 중요하고 영속적인 이해를 나타낸다.

이 문장을 시간을 초월한 일반화로 이렇게 바꿀 수 있다.

독자는 영웅적으로 여겨지는 성격이나 행동을 보이는 인물과 자신을 동일시한다.

일반화는 수동태를 사용하지 않는다. 그것은 많은 예를 나타내는 강력하고 명확한 이해의 진술이다. 그러나 앞에서 언급한 바와 같이 해당 진술이 모든 경우에 걸쳐 성립하는 것은 아니기 때문에 때로는 할지도 모른다, 종종, 할 수 있다, 자주(may, often, can, frequently) 등과 같은 수식어(qualifier)가 필요하다.

에릭슨(2008)은 훌륭한 일반화를 작성하기 위한 간단한 구조를 제공한다. 그녀는 다음 문장 구조로 시작할 것을 제안한다.

학생들은 …… 을 이해할 것이다.

이 문장 구조는 나중에 일반화에서 제외된다. 또한 일반화를 작성하려면 강력한 동사와 연결된 관계 진술에 최소한 두 가지 이상의 개념을 사용해야 한다. 매우 광범위한 피상적 수준의 진술을 초래하는 영향을 미치다, 이다, 가지다(affect, impact, influence, is, have) 같은 약한 동사를 피하라. 여러분은 제6장에서 일반화와 수많은 예에 대한 더 자세한 내용을 찾아볼 수 있을 것이다.

일반화 작성은 개념 기반 교육과정 개발에서 흔히 가장 어려운 측면으로 꼽는다. 교사가 일반화 구성에 어려움을 겪는다고 많이 들었으나 더 많이 논의하며 왜 또는 어떻게 질문(questions of why or how)에 응답하면 아이디어는 더 구체적으로 정의되고 학생의 이해에 중요한 강력한 진술로 표현될 수 있다. 일반화는 학생이 학습을 진전시킴에 따라 개념 기반 교육과정은 교육과정 단원 일반화를 통해 더 깊이 있는 이해를 끌어낸다.

언어 교과의 일반화는 이 학문의 과정과 학습하는 내용에 대한 중요한 이해를 전달하기 위해 작성된다. 이것은 기능을 연습하는 것이 중요하지 않다는 것을 의미하는 것은 아니다! 핵심 기능은 교육과정 단원의 다른 지점에서 다루어질 것이며 언어 교과에 대한 국가공통핵심기준과 같은 성취기준에서 대부분 직접적으로 도출된다. 더 복잡하고 추상적인 기능과 학문 내 개념 간의 관계 이면에 있는 개념적 이해(일반화)를 가르치지 않는다면, 우리는 언어 교과에 대한 학생의 더 깊이 있는 이해를 발전시킬 기회를 놓치는 것이다.

지식과 과정의 관계

당신이 잘 아는 무언가를 생각해 보라. 당신의 대답이 소재(topic)인가, 과정인가? 질문에 이렇게 답하는 친구가 있다. "나는 미국 남북전쟁 광이야. 그 주제에 대해 많이 알고 있어." 이렇게 대답하는 다른 좋은 친구도 있다. "나는 정원 가꾸는 방법을 아주 잘 알고 있어. 날씨가 좋을 때는 내 뒷마당을 보러 와!" 두 가지 질문을 더 함으로써 두 응답 모두 조금 더 살펴보도록 하겠다.

- _____을/를 어떻게 이해하게 되었는가?
- _____을/를 정말 이해했는지 어떻게 알 수 있는가?

두 사람의 답변은 다음과 같다.

나는 폭넓은 독서를 통해 남북전쟁을 이해하게 되었다. 지금까지 아마 남북전쟁과 관련된 100권이 넘는 책을 읽었을 것이다. 또한 그 주제에 대해 많은 영화를 보았고 내가 참석할 수 있는 모든 강연을 들었다. 나는 청중 중에서 누구도 할 수 없는 질문을 할 수 있고 남북전쟁의 문제와 다른 상황 사이의 유사점을 쉽게 알 수 있으며 남북전쟁의 저명한 '전문가'로 여겨지는 누군가와 자신감 있게 대화할 수 있으므로 이 주제를 정말로 이해하고 있다는 것을 안다.

나는 주로 정원 가꾸기를 통해 원예에 대해 이해하게 되었다! 나는 다양하고 많은 원예 책도 읽고 많은 전문적 원예사와 이야기를 나누고 현지와 여행지의 다양한 정원들을 방문한다. 실습으로 익히며 원예 기술을 이해하고 지식 기반을 쌓는 데 수년이 걸렸다. 내가 원예를 이해하고 있다는 것을 어떻게 알 수 있을까? 정원사 노동의 결실은 매우 대중적인 것이다! 단순히 식물 이름을 외우고 아름답게 여긴 것을 심는 것 이상으로 훨씬 더 많은 일이 관련되어 있었기 때문에 나는 시행착오를 많이 겪었다. 자, 와서 내 정원을 보라!

안타깝게도 대다수의 학생을 포함하여 우리 대부분은 배운 것의 상당 부분을 잊어버린다. 우리는 이해하지 못했던 것과 그것이 우리를 얼마나 불편하게 했는지를 기억하는 경향이 있다. 또는 우리는 과거에 학습한 내용 일부를 기억할 수 있지만 그 학습은 오해로 가득 차 있을 수 있다. 다항식 방정식을 풀기 위한 모든 단계를 기억하는 사람이 얼마나 될까? 우리 중 대다수는 기억하지 못한다. 왜냐하면 우리가 고등학교 시절 다항식 방정식을 푸는 동안 현실 세계와의 관련성을 전혀 보지 못했기 때문이다. 사실 우리가 다항식을 마지막으로 푼 게 언제였는가? 아마 고등학교 때였을 것이다! 다항식을 배울 때 공식이나 규칙 뒤에 숨은 개념을 전혀 이해하지 못했기 때문에 기억력도 저하된다. 우리는 이해하지 못한 채 알고리즘을 '실행'하고 있었다.

"사람의 정체성은 어떻게 발달하는가?"와 같은 개념적 질문을 중심으로 개념 기반 교육과정을 조직하는 것은 연결성 있고 흥미로운 학습을 지원한다. 더욱이 교사가 학생이 미래에도 계속 사용할 가능성이 가장 높은 지식과 과정의 유형을 반영하는 진정한 문해력(literacy) 경험을 통해 교육과정을 구현하면 이해가 향상된다. 마지막으로 교육과정이 학습에 대한 사고, 성찰, 주인의식을 자극하도록 설계되면 학생은 학습에 대한 동기가 더 강해지고 학습 경험이 훨씬 더 기억에 남게 된다.

개념 기반 언어 교과 교육과정을 작성하는 첫 번째 단계 중 하나는 학생의 흥미와 관심을 반영하는 동시에 교사가 기대하는 수행 기준(performance standards)과 내용을 다룰 수많은 기회를 제공하는 교육과정 단원명 지도를 개발하는 것이다. 예를 들어 6학년 단원명 '우리가 어떻게 세상을 바꿀 수 있을까?'는 학생이 소설(fiction) 및 비소설(nonfiction) 문해력 경험을 통해 씨름할 수 있는 무한한 가능성을 제공한다. 이 시기의 학생들은 대의명분을 좋아한다. 이 단원 내에서 교사는 텍스트 개념과 언어 교과 과정에서 도출된 '이해(understandings)'를 가르친다. 또한 교사는 학생이 해당 학년 수준에서 기대되는 주요 기능과 과목 영역 지식을 숙달하도록 한다. 보다시피 이해하는 것, 아는 것, 수행하는 것 사이에는 관계가 있다.

[그림 2-2]는 이러한 점을 보여 준다.

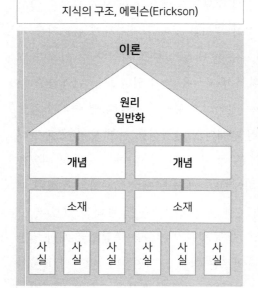

| 지식의 구조, 에릭슨(Erickson) | 과정의 구조, 래닝(Lanning) |

[그림 2-2] **에릭슨과 래닝의 구조 비교**

출처: "지식의 구조" from Stirring the Head, Heart, and Soul: Redefining Curriculum, Instruction, and Concept-Based Learning, third edition (p. 31), by H. L. Erickson, 2008, Thousand Oaks, CA: Corwin. 허가 후 게재.

두 가지 구조의 이해

언어 교과 교육과정은 반드시 지식의 구조와 과정의 구조의 구성 요소를 통합해야 한다. 왜냐하면 두 구조 모두 언어 기반 교과 영역에 필요하기 때문이다.

에릭슨(2008)의 지식의 구조(structure of knowledge)는 지식의 구성 요소 간의 관계를 보여 준다. 지식의 구조에서 위계는 가장 낮은 인지 수준(사실적)에서 가장 높은 이해 수준까지의 주제에 대한 지식을 나타낸다.

나의 과정의 구조(structure of process)는 지식을 활용하는 구성 요소 간의 관계를 설명하고 가장 낮은 인지 수준에서 이해 수준에 이르는 과정의 위계를 나타낸다. 다시 말해 이 구조는 보다 구체적인 인지 수준(기능)에서 과정에 중요한 전이 가능한 아이디어에 대한 깊이 있는 이해로 이어진다.

📖 지식의 구조

[그림 2-2]에 도식화된 구조는 지식과 과정을 구분하여 나타내지만 이들 간의 중요한 관계를 보여 준다. 에릭슨(2008)은 지식의 구조를 개념 기반 교육과정을 설계하기 위한 이론적 근거로 사용하고 있다. 지식의 구조는 소재(topics), 사실(facts), 일반화(generalizations), 원리(principles), 이론(theories)에 대한 개념의 관계를 보여 준다. 더 나아가기 전에 [그림 2-2]의 왼쪽에 있는 에릭슨의 지식의 구조를 자세히 살펴보고 그 구성 요소를 각각 정의해 보겠다.

1. 구조의 가장 아래에서부터 시작해 보자면 **사실**은 시간, 장소, 또는 상황에 갇혀 있는 구체적인 정보의 조각이다. 전통적으로 미국 학교에서 대부분의 내용 학습은 가장 낮은 인지 수준인 고립된 사실들의 암기에 관한 것이었다.

2. 다음 층위는 **소재** 수준이다. 소재는 학습하는 과목을 반영한다. 소재는 단원의 내용을 식별한다.

3. 지식의 구조에서 다음 수준으로 넘어가면, 개념은 사실보다 더 추상적인 수준에 있다. 개념은 소재에서 도출되며 사실적 예를 분류하는 셀(cells)과 같은 역할을 한다. 개념은 시간 초월적이므로 그것은 사태를 거치며 더욱 정교화된 가르침을 제공한다.

4. 일반화 및 원리의 수준은 지식에 대한 깊이 있는 이해를 반영한다. 일반화는 사실적 예를 종합하고 학습을 요약하는 진술이다. 일반화는 공식적으로 두 가지 이상의 개념 간 관계 진술로 정의된다. 일반화는 시대를 초월하지만 항상 진실

이 아닐 수도 있다. 이는 원리와 다르며 원리란 학문의 기초적 '진리(truth)'인 법칙이나 공리이다. 만약 일반화가 중요한 아이디어지만 모든 상황에서 항상 참이 아닐 경우 종종, 할 수 있다, 할지도 모른다(often, can, may) 같은 수식어가 문장에서 사용된다. 개념 기반 교육과정은 학생이 이해하길 원하는 중요한 영속적 지식과 원리를 나타내기 위해 일반화라는 용어를 사용한다.

5. 마지막으로 우리는 지식의 구조의 꼭대기에 도달했다. 이론은 어떤 집단의 사실이나 현상을 설명하기 위해 고안된 일련의 진술이나 원리로 반복적으로 테스트를 거쳤거나 널리 받아들여지고 있다. 이론은 한 과목 영역에 속하는 원칙들의 집합으로 간주한다. 물질의 원자론과 상대성 이론이 그 예이다.

에릭슨(2008)은 또한 전통적으로 교육 분야에서 대부분의 교과서, 교육과정 및 수업이 지식의 구조에서 하위 수준인 주제와 사실에 초점을 맞춰 왔다는 점을 지적한다. 이를 바꾸기 위해 개념 기반 교육과정 작성은 학생의 학습에 포함된 사실적 예를 결정하기 이전 소재에서 시작하여 구조의 상단으로 올라간다.

첫째, 소재로부터 단원의 중요한 아이디어(개념)가 나온다. 다음으로 이 개념들은 일반화를 작성하는 데 사용된다. 일반화는 수업을 안내할 명확하고 강력한 이해 진술이다. 일반화는 어떤 사실이 이해의 가장 좋은 예가 될 것인지 결정하는 기준이 된다. 일반화를 학습 대상으로 사용하는 것은 교육과정이 사실적 정보의 과잉에 빠지는 것을 돕는다. 학생은 일반화를 실현하기 위해 충분한 예가 필요하지만 학습이 단절되거나 기억에 남지 않을 정도로 너무 많지는 않다. 지식의 구조를 사용하는 예를 살펴보자.

1. **단원 소재**: 미국 혁명
2. **개념**: 경제적 억압, 혁명, 상호의존, 의존, 자유, 권력 …….
3. **일반화**: 사회적, 정치적, 경제적 억압은 혁명으로 이어질 수 있다.
4. **사실**: 1765년 인지법, 13개 식민지, 대륙회의 …….

이 단원에 포함될 사실은 6~8개의 일반화를 기술한 후에 결정된다. 일단 교육과정이 완성되고 단원이 진행되면 학생의 사고는 개념에 초점을 맞추고 사실을 예로 활용하는 안내 질문(guiding questions)과 흥미로운 활동을 통해 일반화를 이해하는 방향으로 나아간다. 여기서 주의할 점은 교사가 수업 초반에 학생에게 교육과정 일반화를 설명하지 않는다는 것이다. 오히려 학생은 스스로 일반화를 발견하고 이를 자신의 말로 표현한다(학습자가 표현한 일반화는 교사가 사전에 교육과정에 기술한 일반화와 비슷하다). 제시된 예에서 패턴과 아이디어를 찾아야 하는 수업의 결과로 학생은 일반화를 산출할 수 있을 것이다. 이것이 바로 개념 기반 교육과정을 생각하는 교육과정으로 만드는 것이다! 여러분은 또한 일부 학생이 단원 학습에서 작성되지 않은 일반화를 생각해 냄을 발견할 수 있다. 단원 일반화의 목록은 절대적이지 않으므로 이런 일이 생긴다면 이는 개념 기반 교수 학습의 목표를 이룬 것으로 개념적으로 사고하는 학생을 축하해 줄 일이다.

과정의 구조

이제 [그림 2-2]의 오른쪽인 두 번째 구조로 시선을 돌려야 할 때이다. 과정의 구조는 기능(skills), 전략(strategies), 과정(processes), 개념(concepts), 일반화(generalizations), 원리(principles)의 관계를 보여 준다.

과정의 구조에서 개념의 수준에 도달하면 우리는 그것을 '하는 것'으로부터 왜 그것을 하는지 '이해'하는 것으로 나아간다. 개념은 예컨대 과정, 전략 또는 기능을 활용하는 것과 같이 '하는' 행위가 아니다. 비록 개념이 이들 각각에서 도출될 수는 있지만 이것은 이해를 지원하기 위한 작업이다. 이에 대해서는 제4장에서 더 자세히 설명하겠다. 과정의 구조를 설명하기 위해 학생이 학습하고 있는 내용에 참여하고 그것을 탐구하는 데 도움이 되는 도구로서의 과정, 전략 및 기능을 고려하라.

과정의 구조를 구성하는 각 요소의 정의는 다음과 같다.

1. 과정의 구조에서 가장 낮은 수준인 이 구조의 맨 아래에는 과정, 전략, 기능이 포함된다. 세 가지 모두 이 과정 요소 안에 포함되어 있는데, '과정'이 가장 광범위하고 복잡하며 그다음이 '전략', 마지막이 '기능'이다. 언어 교과 교육과정의 개념은 각각에서 도출될 수 있으므로 이들 세 가지 행동은 그림에 함께 묶여 있다.

- **기능**: 기능은 전략에 포함된 작은 행동 또는 조작이며 적절하게 적용하면 전략이 작동하도록 '허용'한다. 기능은 보다 복잡한 전략의 토대가 된다.
- **전략**: 전략은 학습자가 자신의 학습 수행을 높이기 위해 의식적으로 적응하고 모니터링하는 체계적인 계획으로 생각할 수 있다(Harris & Hodges, 1995). 전략 내에는 다양한 기능들이 존재하기 때문에 복잡하다. 전략을 효과적으로 수행하기 위해서는 전략을 지원하는 다양한 기능을 통제해야만 하고 이러한 기능을 유창하고 유연하게 활용할 수 있어야 하며 관련된 다른 기능과 전략을 적절하게 통합할 수 있어야 한다.
- **과정**: 과정은 결과를 만들어 내는 행동이다. 과정은 연속적이고 단계를 거쳐 나아간다. 이 단계들을 거치면서 투입(자료, 정보, 사람들의 조언, 시간 등)은 그 과정이 흘러가는 방식을 변환시키거나 바꿀 수도 있다. 과정은 수행해야 할 것을 규정하며, 예컨대 쓰기 과정, 읽기 과정, 소화 과정, 호흡 과정 등이 있다. 이러한 과정은 연속적이며 개입이 발생한 경우에 멈춘다. 결과의 질은 (앞에서 언급한) 투입에 달려 있다. 과정의 다양한 단계를 거치면서 투입은 그 과정이 진행되는 방식을 바꿀 수도 있고 그 결과는 원래 인지했던 것과 다른 양상으로 나타날 수도 있다.

2. 과정의 구조에서 다음 단계는 한두 개의 단어(명사)로 표현되는 개념이다. 개념은 내용(소재)으로부터 추출된 정신적 구인 또는 아이디어이며 학습하고 있는 복잡한 과정, 전략, 기능으로부터 도출되기도 한다. 개념은 학생이 단원 학습을 마치고 난 후 깨닫기를 원하는 이해(일반화)를 진술할 때 사용된다. 이전에 지식의 구조에서 정의되었던 것과 마찬가지로 개념은 시간에 구애받지 않는다. 개

넘은 시대가 지남에 따라 점차 정교화된다. 개념은 보편적이므로 여러 문화에 걸친 대표적 예가 도출될 수 있다.

3. 드디어 이제 삼각형에 도달했다.

- **원리**: 원리는 기본 원칙 혹은 진리로 정의된다. 언어 교과에서 어떤 이들은 언어 규범 문법이나 용법을 원리로 간주한다.
- **일반화**: 에릭슨(2008)은 일반화를 사고를 요약한 진술문으로 정의한다. 다음 질문으로 일반화의 적절성을 살펴보자. "학습의 결과로 무엇을 이해할 것인가?" 다시 말하지만 일반화는 형식 면에서 두 개 이상 개념으로 정의되며 그 개념들 간의 관계로 진술된다. 가끔 그 아이디어가 교과에서 중요하지만 모든 상황에 걸쳐서 검증되지 않았다면 그 진술문에 수식어가 붙을 수도 있다. 혼란을 피하기 위해서 개념 기반 언어 교과 교육과정 문서를 작성할 때에는 일반화라는 용어만 사용하기로 하겠다. 그렇게 하면 이해의 진술문이 일반화인지 원리인지 신경 쓰지 않아도 된다. 사실 그 차이가 중요한 것은 아니다. 중요한 것은 단원의 학습을 마쳤을 때 학생이 도달하기를 바라는 중요하고도 전이 가능한 이해(transferable understandings)가 무엇인지 파악하는 데 있다.
- **이론**: 언어 교과 학문과 관련이 없으므로 과정의 구조에는 이론이 포함되지 않는다.

개념과 일반화 및 원리라는 용어는 지식의 구조와 과정의 구조에 포함되어 있음을 확인할 수 있다. 이 세 가지 용어는 두 가지 구조 모두에서 동일한 방식으로 정의되며 동일한 관계를 나타낸다.

이제 과정의 구조를 사용하여 일반화가 어떻게 만들어지는지에 대한 간단한 예를 살펴보자.

1. **단원명**: 정보 부탁드립니다!

2. **개념**: 요약, 관련 정보, 텍스트 특징(굵은 제목, 용어 사전, 다이어그램 등) ······

3. **일반화**: 독자는 관련 정보를 더 효율적으로 찾고 주제에 대한 더 깊은 이해를 발전시키기 위해 다양한 비소설 텍스트 특징(차트, 다이어그램, 지도, 그래프, 캡션, 제목, 굵은 단어 등)을 사용한다.

교육과정 단원의 추가적인 일반화는 학습 중인 내용과 다른 과정에 대한 전이 가능한 이해를 포함할 것이다. 다시 말하지만 이 언어 교과 단원을 학습하면서 학생의 사고는 개념에 초점을 맞춘 안내 질문과 참여 활동을 통해 일반화를 이해하는 방향으로 향하게 된다. 제6장에서는 지식의 구조와 과정의 구조의 구성 요소를 통합하는 언어 교과 교육과정의 사례를 찾아볼 수 있다. 두 가지 모두 이 교과 영역에 필요하기 때문이다.

이러한 구조의 근거

『학습, 교수, 평가 분류법: 블룸(Bloom)의 교육 목표 분류법 개정판(2001)』에서 편집자 앤더슨(Anderson)과 크래스월(Krathwohl)은 1956년 핸드북에 개정이 필요한 이유를 설명한다. 첫째, 책무성 프로그램, 성취기준 기반 교육과정 및 참 평가(authentic assessments)의 설계 및 실행으로 인해 많은 정보가 오늘날에도 여전히 관련성이 있으며 재검토할 가치가 있다. 둘째, 첫 번째 분류법 이후 등장한 중요한 새로운 지식과 사고가 프레임워크(framework)에 포함되어야 한다. (참고로 크래스월은 블룸과 함께 작업하고 원본 핸드북을 공동 집필했다.) 새 책에서는 블룸이 각 전공 분야가 해당 언어로 된 고유한 목표 분류 체계를 가져야 한다고 믿었다고 설명한다. 즉 더 자세하며 전공 언어 및 전문가의 사고에 더 가까워야 한다는 것이다. 분류법은 늘 조정될 것으로 예상되었다. 원래 분류법은 인지 과정(동사)에 단일 중점을 두었다. 이와 대조적으로 업데이트된 분류법은 과정과 지식이라는 두 가지 차원에 중점을 둔다. 지식은 과정과 구별되지만 둘 사이에는 상호관계가 있다. 예를 들어 개념적 지식이 있을 수 있는데 이 지식에 접근하고 이해하는 데 사용되는 과정에 대한 이해는 과정 차원에서 표현된다.

우리는 개념 기반 언어 교과 교육과정을 설계할 때 지식과 과정을 모두 고려해야 한다. 또한 다음 과정이나 학년으로 올라갈 때 학습 기대치가 정교함과 깊이 있는 이해로 구축되도록 해야 한다. 앤더슨과 크래스월(2001)은 학생이 얻게 될 '새로운' 지식과 그의 사전지식 사이의 연결을 구축할 때 학생이 이해한다고 주장한다. "더 구체적으로 말하면 들어오는 지식은 기존 스키마 및 인지 프레임워크와 통합된다. 개념은 이러한 스키마와 프레임워크의 구성 요소이므로 개념적 지식은 이해를 위한 기초를 제공한다"(Anderson & Krathwohl, 2001, p. 70). 그들은 또한 사실적 지식과 개념적 지식을 분리함으로써 "교육자가 단지 고립되고 작은 사실적 지식을 기억하는 것뿐만 아니라 개념적 지식에 대한 깊이 있는 이해를 가르칠 필요성"을 강조하고 있다고 설명한다(Anderson & Krathwohl, 2001, p. 42).

『How People Learn(1999)』에서 브랜스포드, 브라운, 코킹(Bransford, Brown, Cocking)은 다음과 같이 제안한다. "정보를 개념적 틀(framework)로 구성하면 더 큰 전이가 가능하다. 즉 학생이 배운 내용을 새로운 상황에 적용할 수 있게 하고 학습 관련 정보를 보다 신속하게 지원하는 것이다"(Bransford et al., 1999, p. 17). 이 책은 계속해서 "한 교과 분야의 모든 소재를 피상적으로 다루는 것은 반드시 해당 학문의 핵심 개념을 이해할 수 있도록 더 적은 수의 소재를 심층적으로 다루는 것으로 대체되어야 한다"고 강조한다(Bransford et al., 1999, p. 20). "전문가의 지식이 중요한 아이디어나 개념을 중심으로 구성되어 있다는 사실은 교육과정도 개념적 이해를 끌어내는 방식으로 구성되어야 함을 시사한다"(Bransford et al., 1999, p. 42).

수업을 위한 로드맵 제공

이 장에서는 개념 기반 교육과정 설계의 몇 가지 토대에 대해 논의했다. 이 장 앞부분에서 설명한 교실 수업을 이해하기 위해서는 수업을 지원하고 지도하는 연구와 교육과정 설계에 대한 자신감이 있어야 한다. 전이(transfer)를 지원하는 수업 전달에 관한 전문적 문헌은 풍부하다. 지난 수십 년 동안 빠진 부분은 수업을 위한 올바른 로드맵을 제공하는 교육과정을 설계하는 방법이었다. 개념 기반 언어 교과 교육과정의 구성 요소는 구체적으로 작성되므로 교사는 학생이 학년 또는 과정별 성취기준을 충족하고 초과하기 위해 무엇을 이해하고, 알고, 할 수 있어야 하는지 명확하게 알 수 있다.

이제 우리가 추구하는 교육과정 유형의 전체 그림을 이해했으므로 다음 장에서는 교육과정 설계 과정의 사전 작업을 구체적으로 설명할 것이다.

제3장

시작하기: 사전 작업하기

교육과정 작업은 골치 아픈 과정이다. 지역이나 학교에서 새로운 교육과정을 개발하기로 결정할 때 많은 질문이 제기된다. 첫 번째 질문은 일반적으로 "어디서부터 시작할까?"이다. 성공적 변화를 지원하거나 그 이양에 이바지하는 데에 영향을 미치는 요소를 검토하는 것은 좋은 출발점이다.

새로운 교육과정을 설계한다는 것은 변화를 의미하며 변화는 대부분의 사람에게 쉬운 일이 아니다. 변화에 대한 제안을 들었을 때 개인은 매우 다른 반응을 보인다. 교사는 언어 교과(English language arts) 교육과정이 바뀌리라는 것을 들을 때 불안, 두려움, 기대, 염려가 생길 수 있다. 특히 그것이 익숙하지 않은 디자인이라면 더욱 그렇다. 새로운 교육과정은 교사의 업무에 직접적인 영향을 미치기 때문에 정서적인 반응은 정당하다. 교육과정 리더들이 과정 전반에 걸쳐 모든 이해관계자와 연결하고 소통하는 방식에 따라 변화의 성공 여부가 결정될 것이다.

교육과정 변화 이끌기

변화 과정에 대한 논의는 매우 많다. 구글에서 단어 **변화** 과정을 검색하면 200만 개가 넘는 조회 수가 표시된다! 우리는 변화에 대해 많이 알고 있지만 선의가 실패하는 것을 계속해서 본다. 바이패스(bypass) 수술을 받은 사람들의 90% 이상이 1년 후에는 예전의 식습관과 좌식 생활 방식으로 돌아간다는 것을 알고 있었는가? 나는 대담한 변화를 주도하는 훈련에 참석하면서 이 놀라운 사실을 알게 되었다. 이 훈련은 존 코터(John Kotter)와 홀거 래스게버(Holger Rathgeber)의 책 『빙하가 녹고 있다: 어떤 조건에서도 변화하고 성공하기(2005)』를 바탕으로 했다. 이 책은 변화의 시대에 성공하는 방법에 대한 최선의 생각을 대표하는 8단계의 변화 방법을 잘 연구하여 개괄적으로 설명한다. 짧고 읽기 쉬운 재미있는 우화이기도 하다. 여러분이 변화 이론에 익숙하지 않다면 주요 교육과정 변화 시작을 주도하는 모험을 하기 전에 이러한 이론에 대한 배경지식을 쌓는 데 시간을 할애하는 것이 좋다. 앞에서도 말했듯이 너무나 풍부한 정보가 많다. 이 책은 변화 과정에 관한 책은 아니지만 그 안에 담긴 제안은 변화 연구가 우리에게 알려 주는 것과 일치한다.

학생 시험 성적의 정체 또는 하락, 학생 인구 통계의 변화, 새로운 리더십, 책무성에 대한 요구 증가, 교육 분야의 새로운 학습 및 개정된 주 또는 교육구 성취기준들은 교육과정 변화에 시급한 요구를 일으킬 수 있는 요소 중 일부일 뿐이다. 변화의 시급성이 진정으로 절실할 때, 문제를 해결할 수 있는 교육과정을 설계하려면 교육과정 리더십 팀의 진지하고 장기적인 전념이 필요하다.

교육과정 리더십 팀 구성하기

팀워크는 조직에 영향을 미치는 복잡한 작업의 핵심이다. 교수와 학습을 진정으로 변화시키려면 한 명 이상의 사람이나 출판된 프로그램이 필요하다. 올바른 교육과정 리더십 팀을 선택하는 것은 중요한 단계이며 가볍게 여겨서는 안 된다. 이 사람들은 변화를 주도할 사람들이며 지속적인 의사소통, 의사결정, 피드백을 도울 것이다.

성공적인 팀과 그 구성원의 특징은 다음과 같다.

● 팀은 시스템의 다양한 구성원과 다양성(모든 학교급, 교과 교사 및 전문가, 관리자

등)을 대표한다.

- 팀은 직원들에게 신뢰성과 충분한 영향력을 가지고 있다.
- 팀은 서로 다른 관점을 지닌 구성원들로 이루어져 있지만, 모든 구성원이 개인적 의제를 배제하고 함께하겠다는 데 동의하며 이를 실천해야 한다. 그들은 교육구와 학생의 이익을 최우선으로 생각한다.
- 팀원은 교육과정의 성공적인 구현을 위해 정서적으로 헌신한다. 팀원은 조직의 선을 마음속에 품고 다른 팀원을 존중하고 가치 있게 생각한다.
- 팀원은 다양한 경험과 고도의 전문 지식을 대표한다. 그들은 다른 교육과정 영역의 성취기준과 기대에 대한 지식이 있다. 그들은 궁극적으로 교육과정을 강화하여 모든 사용자에게 실용적이고 관련성 있는 교육과정을 제공한다.
- 팀원은 그룹의 모든 사람이 동등한 목소리를 가지고 있다는 것을 이해한다.
- 팀원은 탁월한 분석 능력을 갖추고 있으며 교사 간의 교육과정 기여자 네트워크 구축을 돕겠다는 의지가 있다.

신뢰는 효과적인 팀에 매우 중요하다. 팀 회의에서는 의견 차이를 공개적으로 공유하고 논의하지만 일단 결정에 대한 합의가 이루어지면 모두가 팀을 지지해야 한다. 구성원이 팀의 기밀을 저버리거나 회의에서 합의한 사항을 거부하는 것만큼 팀을 빨리 잠식하는 일은 없을 것이다.

언어 교과 리더십 팀의 일원이 되면 리더십과 협업에 대한 개인적인 성장을 위해서 풍부한 기회들을 얻을 수 있다. 조직의 모든 수준의 구성원들로 구성된 리더십 팀은 학생이 그의 미래를 잘 준비할 수 있도록 학년 및 학교 내외에서 일관성을 보장하도록 돕는다.

언어 교과 리더십 팀은 실제 설계 과정이 시작되기 전에 단계를 설정하는 중요하고 사전적인 결정을 내릴 것이다. 그들의 결정은 나중에 더 많은 교사가 실제 교육과정 개발에 참여할 때 본격적으로 작업이 시작될 수 있도록 할 것이다.

리더십 팀의 첫 번째 네 가지 과제는 다음과 같다.

1. 비전 명시하기
2. 교육과정 양식(template) 결정하기
3. 강력한 단원명 개발하기
4. 새 교육과정을 위한 학습 단원 매핑(Mapping)하기

다음으로는 각 과제를 완료하는 데 필요한 단계를 자세히 설명하겠다.

📖 비전 명시하기

리더십 팀의 첫 번째 활동은 지역 언어 교과 비전이나 철학 선언문 개발을 통해 향후 교육과정을 명확히 하는 것이다. 이는 한동안 수정이 계속되면서 한두 번의 회의가 필요할 수 있는 연습이다.

1. 팀원에게 해당 교육구의 문해력(literacy) 학습에 대해 그가 가지고 있는 기본 신념을 적어 달라고 요청하라. 각 신념 진술은 하나의 아이디어를 나타내야 하며 별도의 스티커 메모나 메모 카드에 작성되어야 한다. '나는 믿는다' 진술은 사람이 신성하게 여기는 문화의 핵심 가치를 노출하기 시작한다. 그 진술은 훌륭한 그룹 대화를 가능하게 하고 앞으로 있을 작업에 대한 즉각적인 개인적 연결을 가능하게 한다.

2. 큰 테이블에 메모 카드를 진열한다.

3. 팀원이 카드를 카테고리별로 재배치하고 카테고리에 대한 합의를 이루도록 한다.

4. 그룹에서 '첫 번째 초안 작성자'를 모집한다. 이 사람은 비전 선언문의 첫 번째 초안에 아이디어를 통합하도록 시도한다. 초안은 다음 팀 회의에 전달되어 읽고 논의된다.

5. 그룹의 제안과 편집 내용을 두 번째 비전 선언문 초안에 통합하기 위해 '다음 초안 작성 자'를 선택한다. 이 과정은 여러 회 동안 계속된다.

6. 팀원은 각 학교 및 각 부서의 언어 교과 직원과 나눠서 비전 초안문을 공유한다. 리더 십 팀원은 비전 선언문이 어떻게 발전했으며 바랐던 언어 교과 교육과정의 미 래 상태를 어떻게 반영하는지 다른 사람들이 이해하도록 도울 책임이 있다. 팀 원은 직원들의 반응을 모은다.

7. 팀원은 자신이 받은 피드백을 전체 리더십 팀에 전달한다. 수정 과정은 모두가 "바로 이거야!"라고 동의할 때까지 계속된다. 수정 과정이 끝날 무렵에 조정되는 한두 단어로 인해 올바른 비전 선언문이 탄생하는 경우가 많다.

이 문서는 향후 교육과정 의사결정의 지침이 되고 학부모 및 교직원과의 의사소 통을 위한 귀중한 도구가 된다. [그림 3-1]은 앞에서 설명한 과정을 사용하여 발전한 한 교육구의 철학 선언문의 사례이다.

폼페라우그 지역 교육구 15
코네티컷주 미들베리 및 사우스베리 커뮤니티에 기여함

교육구 15 유치원-12학년(K-12)
언어 교과 교육과정 철학 선언문

지역 교육구 15의 언어 교과 교육과정의 목표는 자기 주도적 학습, 효과적인 의사소통 및 다양한 문해력 공동체에 적극적으로 참가하는 것이다. 이 목표를 달성하기 위해 우리는 학생이 그의 학습에 영향을 미치는 다양한 경험이 있고 다양한 형식으로 높은 수준의 문해 력을 요구하는 세상에 살고 있다는 점을 인식하는 것부터 시작한다. 학생은 비판적으로 사 고하고 효율적으로 처리하며 그가 매일 접하는 많은 양의 정보를 적절하게 통합할 수 있어 야 한다.

〈계속〉

K-12 교육과정은 읽기, 쓰기, 말하기, 발표하기, 듣기 및 보기를 통해 이해하고 의사소통하는 데 필요한 개념과 기능을 학생이 학습하는 과정 중심의 접근 방식으로 지원한다. 교육과정은 다양한 실제 경험과 학생의 선택을 제공하는 수업을 통해 가장 잘 가르칠 수 있다. 문해력의 차원이 확장됨에 따라 학생은 독자와 작가로서 자신을 발견할 수 있는 더 많은 기회를 얻는다.

학생에게는 개인의 발전을 지원하고 도전하는 고품질의 다양한 범위의 텍스트를 선택하고, 상호작용하고, 성찰하고, 비평할 많은 기회가 필요하다. 마찬가지로 학생은 다양한 장르, 청중 및 목적에 걸쳐 쓰인 텍스트와 구두 발표를 만들고 성찰할 필요가 있다. 이러한 경험은 우리의 교육과정 목표를 달성하고 문해력에 대한 평생의 열정을 불러일으키기 위해 설계된다.

2009년 5월 1일
부교육장실

[그림 3-1] 교육구 언어 교과 철학 선언문 사례

출처: ⓒ Pomperaug Regional School District 15.

교육과정 양식 결정하기

교육구에서는 교육과정 양식이 모든 교과 영역과 학년에 걸쳐 동일한 형식이어야 한다고 의무화하는 경우가 있다. 가장 우선순위가 높은 것은 모든 개념 기반 교육과정에는 교수와 학습에 중요한 차이를 만드는 협상할 수 없는 구성 요소(다음 장의 구체적인 교육과정 작성 단계에서 설명)가 포함되어 있다는 것이다. 다양한 단원 구성 요소는 다양한 형식으로 배열될 수 있다. 특정 학문 내에서 일관된 형식을 갖는 것은 타당하지만 일부 학문에서는 조금 다른 양식을 사용할 수도 있다. 일반적으로 이는 다음 단계를 완료한 후 리더십 팀이 내리는 결정이다.

1. 교사, 다른 지역, 인터넷 사이트에서 각기 다른 단원 양식 모델을 수집하고 검토한다. 이 책 제9장에는 우리가 제안하는 양식이 포함되어 있다.

2. 어떤 양식의 형식이 교과 영역의 고유한 기대에 가장 적합한지 논의한다. 일부 모델의 요소는 토론에서 나오는 다른 아이디어와 혼합될 수 있다.

3. 선택한 양식을 교과 교사와 공유한다. 교사는 양식을 통해 교실 수업이 어떻게 전개될 것인지 이해하도록 도와주고 제안을 요청한다. 교사가 교육과정의 실행 주체이기 때문에 교사는 교육과정 양식을 이해할 수 있어야 한다. 양식에서 교사의 목소리를 허용하면 변경 과정 초기에 교육과정에 대한 주인 의식을 갖게 되고 결과적으로 새로운 교육과정이 완성되었을 때 그것을 사용하겠다는 의지가 커진다.

4. 일단 양식이 완성된 시행 시점에서 전문성 개발 연수가 중요해질 것이다.

강력한 단원명 개발하기

대부분의 언어 교과 교육과정은 현재 학습 단원(units of study)별로 구성되어 있다. 과거에는 언어 교과 교육과정과 성취기준이 교사가 수업에 통합하기 위해 애쓰는 개별 기능의 체계적이지 않은 목록으로 구성되는 경우가 많았다. 국가공통핵심기준(Common Core State Standards)과 대부분의 주 언어 교과 성취기준은 이제 여러 텍스트 또는 텍스트 모음의 해석을 강조하는 문해력 기대에 대한 구체적이고 강력한 발전을 통해 작성되었다. 언어 교과 교육과정을 단원별로 조직하는 것은 그 자체로 여러 텍스트의 종합과 비교 평가 및 분석에 큰 중점을 둔 국가공통핵심기준에 적합하다.

교육과정 단원은 수행 기대와 더불어 학습해야 할 구체적인 교과 내용을 식별해야 한다. 개념 기반 교육과정의 목표는 전이 가능한 깊이 있는 이해이기 때문에 각 단원의 제목에 내포된 교과 내용은 사고, 성찰, 분석, 이해 및 기능 개발의 매개체이다. 언어 교과에 대한 국가공통핵심기준은 몇 가지 구체적인 단원 주제(topics)(예: 신화, 미국의 기초 문서, 셰익스피어)를 언급하고 계속해서 다음과 같이 명시한다. "따라서 성취기준은 이 문서에 제시된 기대와 일치하는, 내용이 풍부하고 잘 개발된 교육과정으로 보완되어야 한다"(Common Core State Standards Initiative, 2010, p. 6).

이 성취기준을 충족시키기 위해 학생은 다양한 유형의 텍스트를 경험해야 한다. 학생이 중학교와 고등학교로 진학하면서 성취기준에 따라 학생이 경험해야 하는 비소설 텍스트의 비율이 늘어난다. 또한 국가공통핵심기준의 많은 수행 기대는 어려운 텍스트를 자세히 읽고 상당한 글쓰기를 요구한다. 이 모든 것이 의미하는 바는 언어 교과 교육과정의 단원명이 주제(topics)를 충분히 다룰 만큼 중요해야 하며, 그 주제는 세분화되고 비판적으로 분석될 수 있어야 한다는 것이다. 시작하기 전에 다음의 내용을 강력히 제안한다.

1. 당신의 주 표준 또는 언어 교과 국가공통핵심기준이 어떻게 구성되어 있는지, 학년 수준에 따른 요구사항의 진행에 대해 익숙해지는 데 시간을 보내라. 이것은 리더십 팀에게 필수적이다. 과거에는 특정 학년을 넘어서는 표준에 대해 아는 실천가가 거의 없었지만 성취기준이 서로 어떻게 구축되는지 이해하면 교사는 특정 수준에서 기대의 타당성을 확인할 수 있다.

2. 현재 교사가 가르치고 있는 교육과정 목록을 작성하라. 이는 국가공통핵심기준과 비교할 때 내용과 기대의 차이와 중복성을 파악하는 데 필요한 전략이다. 또한 초기 교육과정 목록은 현재 이용 가능한 문해력 자원을 파악하는 데도 도움이 된다. 이 활동은 지식이 풍부한 리더십 팀과 함께 상당히 효율적으로 수행될 수 있다. 기존 언어 교과 교육과정이 얼마나 오래되었는지에 따라 현재 교육과정은 새로운 교육과정에서 사용할 수 있는 몇 가지 단원명을 제공할 수 있다. 또한 새로운 교육과정을 고려할 때 일정 기간 특정 학년의 학생과 함께 작업한 교사는 학생이 흥미를 느낄 내용을 반영하는 언어 교과 단원명을 빠르게 브레인스토밍한다. 학생에게 매력적이지 않은 내용을 훑어 보는 것은 학생의 지적, 정서적 참여를 거의 끌어내지 못한다.

연간 수업에서 더 적은 단원을 더 오랜 기간 가르치면 투자 대비 더 큰 효과를 얻을 수 있으므로 교사는 진정으로 깊이 있는 이해를 가르칠 수 있다.

강력한 단원명은 다음 기준을 충족한다.

- 다양한 실생활 딜레마, 사고를 자극하는 아이디어, 아이의 관심과 호기심을 사로잡을 장르를 나타내고 지루하고 집중하지 못하는 학생의 참여를 돕는다.
- 학생이 '통과'해야 하는 내용을 나타내기보다는 학생의 기존 지식을 기반으로 하고 도전한다.
- 탐구와 새로운 관점을 불러일으킨다.

'친구를 사귀고 친구와 잘 지내요'라는 제목의 3학년 단원은 이러한 기준에 확실히 부합한다. 3학년 학생과 함께 지내 본 교사라면 누구나 '쉬는 시간에 누구랑 놀지?'와 같은 고민이 또래 관계에 관해 중요도를 지니는 것을 알고 있다. 어떤 6학년 학생이 '우리가 어떻게 세상을 바꿀 수 있을까?'라는 단원에 끌리지 않을 수 있을까? 6학년 학생들은 공감할 수 있고 지지할 수 있는 대의명분을 좋아한다. 고등학교 수준의 '국제적 목소리(voices) 탐색' 단원은 모든 종류의 가능성을 초대한다. 이러한 단원명을 사용하면 다양한 장르에 걸쳐 풍부한 내용을 얻을 수 있다.

전통적 언어 교과 교사는 처음에 고립된 과정을 나타내는 단원명을 짓는 실수를 할 수 있다. 예를 들어 '문법'이라는 단원 제목은 흥미로운 주제를 나타내지 않는다. 학생이 문법에 대해 배우는 것은 필수적이지만 구체적인 문법 지식과 기능은 각 단원의 후반 부분에서 설명될 것이다.

학습 단원에 적합한 내용을 생성하는 것은 학생이 점점 더 복잡해지고 다양해지는 세상에서 마주하고 있는 개인적, 사회적 과제에 직면하는 방법을 알도록 도와줄 것이다. 문해력 학습을 위한 수단으로 흥미로운 주제를 사용하는 것은 학생이 내용에 대한 의미 있는 연결을 찾는 데 도움을 주고 그가 배울 지식, 주요 기능, 이해에 관련성을 가져온다. 국가공통핵심기준은 학생이 자세히 읽는 방법과 여러 텍스트의 증거를 논쟁, 토론, 비교하는 방법을 배우도록 요구하기 때문에 우리는 깊이 파고들 가치가 있고 활발한 비평에 적합한 학습 단원이 필요하다. 간과하지 말아야 할 마지막 이유는 교사가 이 단원들을 가르치는 것이 훨씬 더 흥미롭고 재미있다고 생각하기 때문이다! 이는 변화를 더욱 구미에 맞게 만든다.

새 교육과정을 위한 학습 단원 매핑하기

1. 리더십 팀은 교육구의 언어 교과 교육과정 단원 지도(map)의 첫 번째 초안을 책임진다. 만약 여러분의 주가 국가공통핵심기준을 채택했다면 모든 사람이 언어 교과 성취기준, 특히 학습 단원을 통해 지식을 구축하는 것에 대해 말하는 것을 먼저 읽는 것이 현명할 것이다.

언어 교과에서 지식을 체계적으로 구축하는 것은 아이에게 학년마다 시간이 지남에 따라 하나의 큰 그림을 형성할 다양한 퍼즐 조각을 주는 것과 같다. 교육과정 또는 수업 수준에서 학년 내 또는 학년 간 텍스트는 학생의 지식 기반을 체계적으로 발전시키는 소재(topics) 또는 주제(themes)를 중심으로 선택되어야 한다. 한 학년 내에서는 아이가 해당 소재를 지속해서 공부할 수 있도록 단일 소재에 대한 적절한 수의 단원명이 있어야 한다. 저학년에서 특정 소재에 대해 배운 지식은 다음 학년에서 확장 및 개발되어 이러한 소재에 대한 더 깊이 있는 이해를 보장해야 한다. 초등학교 고학년 아이들은 일반적으로 이러한 텍스트를 독립적으로 읽고 글쓰기에 반영할 것으로 예상된다. 그러나 초등학교 저학년(특히 유치원생부터 2학년까지) 아이들은 큰 소리로 읽은 서면 텍스트에 대답하여 성인과 풍부하고 구조화된 대화에 참여해야 하며 성취기준이 요구하는 방식으로 비교 및 대조는 물론 분석 및 종합하여 구술해야 한다.

복잡한 정보 텍스트 읽기를 위한 준비는 읽기 과정에 대한 학생의 개념적 이해 구축에 초점을 맞춘 단원 수준 교육과정을 개발함으로써 초등학교 저학년부터 시작된다(Common Core State Standards Initiative, 2010, p. 33).

2. 리더십 팀은 제안된 단원 제목을 검토하고 〈표 3-1〉과 같이 학년별로 연간 단원 지도를 완성해 나간다.

초기 단원 지도는 학년별로 제안된 당해연도 단원명의 개요를 제공한다(전체를 염두에 두는 것에 대한 제1장의 논의를 기억하는가?). 유치원생부터 12학년까지의 단원 지도는 변화를 위한 중요 의사소통 도구이다. 이를 통해 앞으로의 상황과 모든 단원이 어떻게 조화를 이루는지에 대한 전체적인 시각을 얻을 수 있다. 이 개요는 교사가 수업을 계획하는 데 도움이 되며 교육과정을 평가하고 전달하는 효과적인 도구 역할을 한다. 하이디 헤이즈 제이콥스(Heidi Hayes Jacobs)는 교육과정 매핑을 심도 있게 논의하는 여러 권의 책을 저술했다. 교육과정 개발 과정의 다양한 시점에서 리더십 팀은 교육과정과 수업을 지속적으로 지원하고 전달하며 모니터링하기 위해 매핑 과정이 얼마나 광범위해야 하는지 결정해야 한다.

3. 단원 지도에 제안된 제목에 대한 교직원의 반응을 요청하면 단원 지도가 완성되기 전에 귀중한 교사의 피드백과 제안을 위한 장을 제공한다. 이렇게 이리저리 지속적으로 하는 의사소통은 (지역 리더십 팀에서 학교로, 다시 지역 리더십 팀으로) 변화 과정에 중요한 역할을 한다. 비록 100% 동의를 얻지는 못할지라도, 교사는 종종 팀이 고려하지 못했을지도 모르는 통찰력을 제공할 것이다. 예를 들어, 제안된 단원은 훌륭하지만 그 단원에 대한 자원을 찾는 것이 매우 어렵다는 것을 알게 되는 것은 드문 일이 아니다.

4. 단원 지도 초안을 작성할 때 언어 교과 리더십 팀이 고려해야 할 몇 가지 다른 사항이 있다. 리더십 팀은 이러한 각 질문과 씨름하면서 학습 단원에 대한 공동의 결의를 형성한다.

〈표 3-1〉 언어 교과 교육과정 단원 지도 사례

폼페라우그 지역 교육구 15

코네티컷주 미들베리 및 사우스베리 커뮤니티에 기여함

지역 교육구 15 유치원-12학년(K-12) 언어 교과 학습단원

학년	1단원 (단원명)	2단원 (단원명)	3단원 (단원명)
유치원	1부: 독자와 작가 되기	2부: 독자와 작가 되기	
1	독자이자 저자인 나	무엇이 이야기를 만들까요?	작가의 이야기
2	인물 알아보기	무엇을 읽는지와 어떻게 읽는지 비교하기	미스터리의 재료
3	1단원: 친구를 사귀고 친구와 잘 지내요	2단원: 서사적 비소설과 설명적 비소설 탐색하기	3단원: 전래동화란 무엇일까요? 4단원: 회고록 탐색하기
4	성격 묘사: 소설을 통해 등장인물 이해하기 및 성격 묘사: 전기를 통해 인물 이해하기	2단원: 시를 기념해요!	3단원: 정보 읽기 (비소설) 4단원: 판타지
5	갈등하는 인물과 사람들	비문학: 제자리에, 준비, 출발!	역사 소설

폼페라우그 지역 교육구 15

코네티컷주 미들베리 및 사우스베리 커뮤니티에 기여함

지역 교육구 15 유치원-12학년(K-12) 언어 교과 학습 단원

학년	1단원 (단원명)	2단원 (단원명)	3단원 (단원명)	4단원 (단원명)
6	관계는 우리를 형성합니다	특집 기사: 요점을 찾아라! (비소설)	짧은 이야기	우리는 어떻게 세상을 바꿀 수 있을까요?
7	역사 소설: 문학을 통한 시간 여행	설득력 있는 미디어	인간 본성: 다양한 형태의 소설 (현실 소설, 공상 과학, 판타지)에서 보편적인 인간 특성 찾기	시

(목소리의 힘-학년 내내 지속) →

학년				
8	1. 목소리의 힘	2. 추리소설	3. 성년의 관점	4. 인간성 대 비인간성

폼페라우그 지역 교육구 15
코네티컷주 미들베리 및 사우스베리 커뮤니티에 기여함

지역 교육구 15 유치원-12학년(K-12) 언어 교과 학습 단원

요소	1단원	2단원	3단원	4단원
영역 1 나 자신을 이해하기 위해 읽고 쓴다… 글을 읽을 줄 아는 사람으로서의 내 삶	정체성: 자유롭게 읽기	정체성: 자유롭게 쓰기	정체성: 텍스트 내의 선택 사항	정체성: 듣기와 말하기
영역 2 다른 사람, 장소, 시간을 이해하기 위해 읽고 쓴다.	인간성: 타인의 목소리와 자신의 목소리 듣기	인간성: 타인의 목소리와 자신의 목소리 조화시키기	인간성: 자신의 목소리로 타인의 목소리 구별하기	인간성: 타인의 세계에서 우리의 목소리 전달하기
영역 3 민주주의에서 언어의 역할, 즉 미국의 목소리를 이해하기 위해 읽고 쓴다.	미국 가장자리(American Edge)의 목소리	갈등하는 미국의 목소리	기회와 미국의 목소리	미국 목소리의 신뢰성
영역 4 우리의 국제 사회에 참여하고 영향을 미치기 위해 읽고, 쓰고, 창작한다.	국제적 쟁점과 미디어 문해력	국제적 목소리 탐색하기	2학기 상급생 선택과목 블록(Block)	

출처: ⓒ Pomperaug Regional School District 15.

- 학년별로 몇 개의 단원이 있어야 하는가? (더 깊은 학습을 위한 더 적은 단원 대 교육과정 과부하와 피상적인 노출을 초래하는 너무 많은 단원)
- 장르, 책, 작가, 개념적 아이디어나 주제, 과정 등에서 무엇이 단원명을 주도하는가? (각 모델의 장단점에 대한 충분히 논의가 필요하다.)
- 단원은 여러 과목에 걸쳐 통합되어 간학문적(interdisciplinary)인가, 해당 과목에 한정되어 학제 내적(intradisciplinary)인가?
- 단원에 현재 사용할 수 있는 자원은 무엇인가? 어떤 자원이 필요한가?
- 유치원부터 12학년까지 단원의 진행은 어떻게 복잡해지는가?

팀원은 앞의 두 번째 질문에 대해 논의하면서 각 단원 유형에 장단점이 있다는 것을 알게 될 것이다. 예를 들어, 역사 소설과 같은 장르를 깊이 공부하면 학생은 특정 범주의 책의 뉘앙스와 특징을 이해할 수 있다. 이러한 이해와 지식은 해당 장르에 대한 학생의 독해력을 향상시킨다. 학생이 장르가 어떻게 '작동하는지' 이해하면 구조, 어휘 및 청중 기대에 대한 패턴을 자신의 글에 통합할 수도 있다. 일부 학년 수준에 포함된 특정 장르 단원은 한 장르 내 여러 텍스트와 작가 간의 흥미로운 유사점과 차이점을 파헤칠 기회를 제공한다. 마지막으로 장르의 요소에 대한 인식은 장르에 수반되는 모든 것에 대한 학생의 이해를 높여 준다.

반면에 학생이 한 장르 단원 내에서 다양한 텍스트를 공부하고 탐색할 수 있는 충분한 시간을 제공하는 데는 시간이 걸린다. 만약 모든 단원이 장르 연구라면 매 학년에서 상당한 수의 단원이 포함되어야 한다. 그렇지 않으면 학생은 앞으로 몇 년 동안 새로운 장르를 접하지 못할 수도 있다(또는 익숙한 장르를 다시 접할 수도 있다). 이는 다시 범위 대 깊이의 문제로 돌아간다.

단원을 개념적 아이디어나 질문, 과정 중심으로 구성할 때, 학생이 장르의 유형별 차이를 인식할 수 있도록 다양한 장르가 단원 내에 혼합될 수 있다. 그러나 모든 학습 단원을 이렇게 일반적인 방식으로 구성하면 학생은 가끔 특정 장르에 대한 친밀한 학습을 할 수 없게 된다. 〈표 3-1〉에서 볼 수 있듯이 이 단원 지도를 개발한 교육구는 각각의 장점을 활용하기 위해 장르, 작가, 개념적 아이디어, 과정을 포함하는 학습 단원을 통합하여 딜레마를 해결했다. 중요한 점은 단원이 매력적이고 학생의 관심을 끌 만한 가치가 있다면 단원은 학생에게 높은 동기부여가 될 것임을 기억하는 것이다.

5. 리더십 팀은 교육과정 작성 팀을 구성한다.

때로는 교육과정 작성 작업을 게시하는 것이 교사를 모집하는 가장 좋은 방법이다([그림 3-2] 참조). 어떤 교사를 포함시킬 것인가는 자금과 수행할 교육과정 작업의 범위에 따라 달라진다. 이상적으로 교육과정은 유치원부터 12학년까지의 교사 팀에 의해 작성된다. 시스템으로 작업하면 일관성과 헌신을 촉진하는 데 상당한 이점이 있다. 이것은 리더십 팀이 통제할 수 없을지도 모르는 중요한 결정이다.

교육과정 작성자 모집 방법이 게시물이라면 게시물에는 다음 사항이 포함되어야 한다.

- 교사의 근무 일수
- 보수
- 예정된 모든 날짜를 책임지는 것의 중요성
- 리더십 팀이 교육과정 작성자를 선정하는 방법에 대한 정보
- 과거 교육과정 작성 경력과 새 교육과정 작업에 관심이 있는 이유를 설명하는 지원자의 간략한 진술

교육과정 작성팀에 대한 자세한 내용은 제2부의 서론에서 확인할 수 있다.

교육과정 지도를 통해 큰 그림을 보는 것은 진정으로 초기 단계에서 모두를 설레게 하고 가능성에 대해 생각하게 한다. 그러나 학습 단원을 작성하는 과정 전반에 걸쳐 지도에 유연성과 융통성을 허용해야 한다는 점을 기억하라!

대상: 유치원-12학년 교사

관련: 2012년 여름 교육과정 작성 – 언어 교과

날짜: 2012년 5월 29일 화요일

게시 날짜: 2012년 5월 29일 화요일

마감 날짜: 2012년 6월 15일 금요일

> 유치원-12학년(K-12) 언어 교과 교육과정 작성
>
> **자금 지원은 학년당 총 4명만 가능합니다.**
>
> **학교 간 대표의 균형성을 맞추는 데 우선순위가 주어집니다.**
>
> 고등학교-미디어 센터
>
> 오전 8시 30분부터 오후 2시까지 (매일)
>
> 2012년 6월 25일 월요일 및 2012년 6월 26일 화요일
>
> (30분 휴식, 점심은 각자 준비해 주세요)
>
> 시간당 요금 : (계약 요금) × 1일 5시간

응시자 조건: 학년, 학교 위치, 교육과정 작성 참여를 지원하는 경력을 포함한 간략한 관심 서한을 다음 주소로 발송해 주시기 바랍니다.

asstsuper@centraloffice.org.

문의 사항은 귀하의 언어 교과 교수 리더 또는 부교육장 사무실 (200) 750-8000, 내선 114로 문의바랍니다.

참여 통지: 학년도 마감 전에 참여 선정된 교사에게 이메일이 발송됩니다. 모든 학년과 학교 를 대표하는 교육구 단위 교육과정 작성팀이 만들어질 것입니다.

[그림 3-2] 유치원-12학년(K-12) 언어 교과 교육과정 작성을 위한 게시

참조: 언어 교과 교수 리더.

개념 기반 교육과정 검토

이제 리더십 및 교육과정 작성팀은 개념 기반 교육과정 어휘를 검토하고 교육과정 설계에 관한 모든 내용을 다루는 제4~8장에 설명된 단계를 사용하여 앞으로 나아갈 준비가 되었다. 우리 학생이 교실에서 하기를 기대하는 무거운 인지적 노력은 이제 교육과정 팀 모든 구성원에게도 기대되는 것이다!

여러분이 이 설계 작업을 시작하면서 언어 교과의 개념과 일반화 작성에 대해 생각하는 것이 낯설게 느껴질 수 있다. 리더십 팀과 교육과정 작성팀의 전문성 개발은 모든 교육과정 사용자의 전문성 개발만큼이나 중요하다. 리더십 팀의 구성원은 복잡한 교육과정 작성 과정에서 발생하는 격렬한 대화를 잘 다룰 수 있는 준비가 되어 있어야 한다. 이 책과 짝으로 연결된 개념 기반 교육과정에 대한 에릭슨(2007; 2008)의 책은 작업이 진행됨에 따라 팀이 다시 찾고 싶어 하는 자원이 될 것이다.

요약

교육과정 작성은 다방면에 걸치는 과정이며 상당한 변화를 가정한다. 사람들은 새로운 방식으로 행동하고 과거의 관행 중 일부를 포기하도록 요청받는다. 교육과정 변경은 교사의 일에 직접적으로 영향을 미치므로 감정이 빨리 자극된다. 리더들은 언어 교과 교육과정의 비전을 진전시킬 때 민감하고 깨어있어야 할 필요가 있다. 일부 교사는 다른 교사보다 새로운 교육과정에 대해 더 우려할 수도 있지만 많은 교사가 그 가능성에 대해 흥미를 느끼길 바란다.

더 많은 교사를 교육과정 작성 테이블에 초대하기 전에 리더십 팀에게는 성공적인 변화를 지원하는 데 도움이 되는 몇 가지 중요한 작업이 있다. 이 장에 설명된 리더십 팀의 사전 작업은 교육과정 발의안이 비전을 명확히 밝히고 기본 교육과정 구조를 확립하며 긍정적인 출발을 하는 데 도움이 될 것이다. 리더십 팀은 학생의 문해력 학습에 중대한 변화를 가져올 언어 교과 교육과정 단원 개발에 더 많은 교사를 초대함으로써 다른 사람에게 힘을 실어 준다.

『이해를 위한 교육』에서 데이비드 퍼킨스(David Perkins, 2009)는 교사가 '생성적 소재' 또는 그 학문에 필수적인 소재를 중심으로 교육에 집중하고 학생의 관심과 우려 사항에 공감하며 위대한 통찰력과 새로운 적용을 위한 기회를 제공하도록 상기시켜 준다. "우리의 가장 중요한 선택은 무엇을 가르치려고 노력하는가이다"(Perkins, 2009, p. 61). 언어 교과 교육과정의 각 단원은 기억에 남고 흥미로운 문해력 학습을 지원해야 한다.

개념 기반 교육과정은 이러한 아이디어를 염두에 두고 설계되었으며 전이 가능한 이해를 가르치는 데 필수적이다. 제2부의 서론은 개념 기반 언어 교과 교육과정을 설계하는 데 필요한 모든 단계의 전체 개요를 제공한다. 제4~8장은 각 단계를 자세히 안내한다. 기반이 마련되었으니 작성을 시작할 준비를 하자!

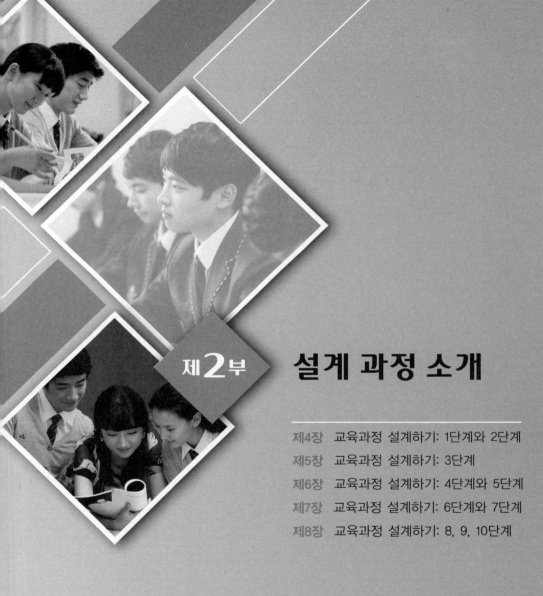

제**2**부

설계 과정 소개

『Stirring the Head, Heart, and Soul』에서 에릭슨(Erickson, 2008)은 간학문 또는 간학문적 교육과정을 위한 개념 기반 교육 단원의 설계 방법을 간략하게 설명한다. 이 책은 에릭슨의 작업을 기초로 언어 교과(English language arts)에 맞게 설계 과정을 맞춤화하였다.

개념 기반 교육과정을 설계하는 모든 단계는 76쪽에 나열되어 있다. 이 책의 제2부는 각 장에서 하나 이상의 단계를 안내할 것이다.

대부분의 복잡한 과정이 그러하듯 단원 계획이 항상 단순하고 선형적인 작업은 아니다. 이 책의 단계는 각 단계가 다음 단계를 향해 구축되기 때문에 자연스러운 순서로 배치되어 있다. 그러나 단원 작성이 구체화되기 시작하면 단계 사이를 앞뒤로 왔다 갔다 할 것이다.

교육과정 작성팀 구성하기

다음은 교육과정 작성팀을 구성하기 위해 제3장의 마지막에 제시된 아이디어를 확장하여 제안하는 것이다.

- 게시된 교육과정 작성 업무(게시가 완료된 경우)에 대한 지원서 접수 및 검토를 거친 후 리더십 팀에서 교육과정 작성팀 구성원을 선발한다.
- 가능하다면 각 학년 팀에는 여러 학교의 대표자가 포함되어야 한다. 그래야 모든 사람이 이 작업을 시스템 전체에 헌신으로 인식하고 그 과정을 함께 배울 수 있다. 모든 학년의 교사가 상호작용하고 돕는 모습을 보는 것은 보람 있는 일이다. 종종 이것은 고등학교 교사가 초등학교 교사와 함께 일할 수 있는 첫 번째 기회이다!

✎ 개념 기반 언어 교과 단원 설계 단계

1단계: 단원명을 짓는다.

2단계: 단원에 초점을 맞추고 시너지를 내는 사고를 지원할 개념적 렌즈를 식별한다.

3단계: 텍스트 이해하기, 텍스트에 반응하기, 텍스트 비평하기, 텍스트 생산하기의 네 가지 스트랜드 주위에 단원의 하위 주제(subtopics)와 개념을 그물로 얽는다. 그물에 대한 브레인스토밍을 마친 후 다음 단계에서 쉽게 접근할 수 있도록 개념에 밑줄을 긋는다.

4단계: 학생이 학습하는 단원에서 도출하기를 기대하는 일반화를 작성한다. 일반화가 양질의 일반화 기준을 따르는지 확인한다.

5단계: 일반화를 향한 학생의 사고를 촉진하는 데 사용될 안내 질문을 브레인스토밍한다. 안내 질문은 유형(사실적, 개념적, 논쟁적)에 따라 코드화해야 한다.

6단계: 단원을 마칠 때까지 학생이 반드시 알아야 하는 중요한 내용을 식별한다.

7단계: 단원을 마칠 때까지 학생이 반드시 보여 주어야 하는 핵심 기능을 식별한다.

8단계: 중요한 일반화에 대한 학생의 이해와 중요한 내용 및 핵심 기능에 대한 학생의 지식을 드러낼 수 있는 공통적이고 최종적인 평가를 작성한다. 교사가 학생의 과제를 평가할 때 찾아야 하는 특정 준거(criteria)가 포함된 채점 가이드 또는 루브릭을 개발한다.

9단계: 학생이 최종 평가에 요구되는 것을 대비하고 이해를 위한 교육을 반영하는 제안된 학습 경험을 제공한다. 제안은 학생이 단원이 끝날 때까지 무엇을 이해하고, 알고, 할 수 있어야 하는지를 다루는 학습 경험의 예이며 의미 있고 실제적이다. 이 부분에는 속도, 과정 중심 단원 평가, 개별화 및 단원 자원에 대한 아이디어도 포함될 수 있다.

10단계: 학생의 흥미와 관심을 끌 수 있는 단원 소개로 단원 개요를 (학생 언어로) 작성한다.

● 교육과정 작성 과정에서 경력 교사 참여와 신입 교사 참여의 균형을 맞추려는 시도가 이루어져야 한다.

● 문해력 전문가와 특수 교육, 도서관 미디어, 기술 교사를 교육과정 작성의 자리로 초대한다. 전문가가 새로운 교육과정 목표를 잘 이해하면 교육의 일관성이 강화된다. 전문가는 또한 학습 경험을 설계하면서 작성 과정의 9단계에 독특한 관점을 제공한다. 예를 들어, 전문가는 적절한 테크놀로지 사용을 포함하는 방법과 학습 경험을 가장 잘 개별화하는 방법에 대한 전문 지식을 제공한다.

● 학년 그룹은 이상적으로 3~6명의 교사로 구성되어야 한다.

● 너무 많은 교육과정 작성자는 리더십 팀에 부담이 될 수 있으므로 전체 그룹 구성원은 최대 35~40명이어야 한다.

리더십 팀의 역할

이 대규모 그룹이 모이고 나면 단원 작성을 시작하기 위해 리더십 팀 구성원의 도움이 필요할 것이다. 리더십 팀은 언어 교과 비전 선언문, 교육과정 양식의 형식, K-12 교육과정 지도를 검토하여 작업을 시작하는 경우가 많다. 작업이 진행됨에 따라 이러한 문서를 '조정'해야 할 수도 있지만, 그것은 작업을 시작하는 데 필수적인 구조를 제공한다.

작성 과정이 시작되면 교육과정 리더십 팀 구성원은 3~6명의 교사로 구성된 학년 그룹에 분산되어야 한다. 이는 교육과정 리더를 인정하는 데 도움이 되며, 교육구 전체의 다른 교직원과 함께 과정을 강화하고 예비 결정에 대한 근거를 강조할 수 있다.

교육과정 작성은 교사에게 가치 있고 의미 있는 전문성 개발 활동이다. 이 작업은 새로운 교육과정을 만드는 것만큼이나 교사의 사고와 이해를 개발하는 것이기 때문에 교육과정 작성 과정에는 시간이 걸린다. 그것은 단순한 '빈칸 채우기' 형식의 교육과정이 아니다. 오히려 그것은 상당한 생각과 토론, 새로운 학습이 필요하다.

단원 계획용 양식

　79~85쪽의 양식은 제안된 형식으로 단원 계획용 양식을 제공하며 작성 과정의 단계를 진행할 때 가이드 역할을 한다. 이 양식의 인쇄 가능한 버전은 다음 링크 주소에 있다.

www.corwin.com/conceptbasedcurriculumK-12

웹사이트를 방문하여 '개념 기반 커리큘럼 단원 템플릿' 양식을 확인하세요.

✎ 개념 기반 교육과정 단원 양식

유치원-12학년(K-12) 언어 교과 교육과정

학년: _____

단원: _____

제목: _____

날짜: _____

학년 수준: _____

단원명:

개념적 렌즈:

텍스트 이해하기:

텍스트에 반응하기:

단원명:

텍스트 생산하기:

텍스트 비평하기:

학년 수준: _____

단원명:
개념적 렌즈:

단원 개요(학생들에게 단원 학습을 소개하는 매력적인 요약):

단원에서 사용할 테크놀로지(교사나 학생이 이것을 사용하려면 어떤 기능이 필요한가?

인터넷과 도구 사용에 대해 어느 정도의 지식이나 친숙함이 필요한가?):

이 단원에서 다룰 성취기준:

학년 수준: _____

단원명: _____

일반화	안내 질문 (F=사실적, C=개념적, P=논쟁적)

중요한 내용과 핵심 기능

중요한 내용 학생들이 알 것	핵심 기능 학생들이 할 수 있는 것
텍스트 이해하기:	텍스트 이해하기:
텍스트에 반응하기:	텍스트에 반응하기:
텍스트 비평하기:	텍스트 비평하기:
텍스트 생산하기:	텍스트 생산하기:

학년 수준: _____

권장 타임라인	제안된 학습 경험 (교사는 …… 할 수 있다)	평가 (제안 및 필수)	개별화 수업 전략 (지원 및 확장)	자원

핵심 자원:

E: 쉬운(Easy)   C: 도전적인(Challenging)

T: 연령에 일반적인(Typical)   MT: 멘토 텍스트(Mentor Text)

최종 단원 평가

● 무엇을?

_____

_____

_____

_____

● 왜?

_____

_____

_____

_____

● 어떻게?

_____

_____

_____

_____

_____

출처: Adapted from Erickson, 2008.

제**4**장

교육과정 설계하기: 1단계와 2단계

제2부 서문의 마지막 부분에 교육과정 작성 단계를 진행하면서 가이드 역할을 할 단원 계획 양식(template)을 제공했다. 이 장에서는 79쪽에 있는 양식의 윗부분을 채울 수 있는 1단계와 2단계를 다룰 것이다.

1단계: 단원명 만들기

제3장에서 논의한 것처럼 언어 교과 단원의 제목은 학생들이 탐구할 개념적 아이디어(예: 인간성 대 비인간성)일 수도 있고, 특정 장르(예: 추리극? 미스터리 탐험하기!) 또는 저자 연구일 수도 있다(예: 셰익스피어가 살아 돌아오다). 교육과정 단원 맵에는 교사 의견이 포함된 지역 리더십 팀에서 해당 연도의 각 학년 수준에 대한 예비 작업 중에 논의하고 제안한 단원명이 나열되어 있다(제3장의 '새로운 교육과정을 위한 학습 단원 매핑하기' 참조). 양식의 표지를 완성한 후 단원 그물 중앙에 단원명을 삽입한다. 단원명은 단원에서 공부할 내용을 대표한다.

📖 2단계: 개념적 렌즈 식별하기

두 번째 단계는 단원을 통합하고 단원에 초점을 맞출 개념적 렌즈(conceptual lens)를 식별하는 것이다. 개념적 렌즈란 무엇일까?

- 개념적 렌즈란 학생의 생각을 개념적 수준에서 통합하는 매크로 개념(macro concept)으로 학생이 아이디어와 사례 간의 패턴과 연결 지점을 더 쉽게 볼 수 있도록 한다.
- 렌즈란 특정 단원의 사실과 개념을 바라보고 동화시키는 관점이다. 단원의 개념적 렌즈는 학습 중인 내용을 탐색하는 동안 생각하는 데 사용되거나 사고를 지원하는 도구가 된다.
- 렌즈는 단원에 대해 생각할 수 있는 초점을 제공한다.

> 개념적 렌즈란 학생의 생각을 개념적 수준에서 통합하는 매크로 개념으로 학생이 아이디어와 사례 간의 패턴과 연결 지점을 더 쉽게 볼 수 있도록 한다.

우리는 너무 많은 것에 주의를 기울인다. 스턴버그(Sternberg, 1996)는 주의(attention)를 "우리의 감각, 저장된 기억, 기타 인지 과정을 통해 얻을 수 있는 엄청난 양의 정보 중에서 제한된 양의 정보를 능동적으로 처리하는 현상"으로 정의한다(p. 69). 이를 알고 교육과정과 수업 설계는 학생들의 관심을 중요한 것에 최적화하고 집중을 유도하도록 노력해야 한다. 이 지점에서 단원의 개념적 렌즈가 도움이 된다. 내용에서 선택된 부분과 단원의 특정 복잡한 과정에 주의를 집중시킨다.

에릭슨(2008)은 교육과정과 수업이 지성을 끌어들이기 위해 저차원적 사고와 개념적 차원의 사고 사이에서 시너지를 창출해야 한다고 설명한다. 개념적 렌즈는 단원의 개발 및 수업을 안내할 개념적 초점을 제공함으로써 시너지를 내는 사고를 지원한다.

예를 들어, '작가 연구: 세 명의 개성 있는 작가들'이라는 단원에서 작가의 고유한 작문 스타일을 이해하는 것에 주로 집중하여 수업이 이루어진다면 개념적 렌즈는 '작가의 기법(craft)'일 것이다. 단원에서 각 저자의 작품을 공부하면서 교사는 '작가의 기법'이라는 아이디어를 구성하는 더욱 구체적인(또는 마이크로) 개념들 사이의 유사점과 차이점에 학생들의 주의를 유도할 것이다. 다음은 단원에 대한 개념적 렌즈를 선택할 때 고려해야 할 몇 가지 추가 사항이다.

> 개념적 렌즈는 단원의 개발 및 수업을 안내할 개념적 초점을 제공함으로써 시너지를 내는 사고를 지원한다.

- 개념적 렌즈는 단원의 보다 미시적인 개념을 조직하거나 연구하는 지각 필터(perceptual filter) 역할을 한다. 앞의 예시에서는 학생이 다양한 예를 통해 '작가의 기법'을 검토하면서 생각하는 데 참고할 만한 틀을 제공한다. 이를 통해 학생은 저차원적(사실적) 수준과 개념적 수준 사이에서 독립적이고 유동적으로 생각을 통합하기 시작한다.

- 개념적 렌즈에 따라 단원의 초점이 달라진다. 만약 앞에서 설명한 단원의 개념적 렌즈가 '관점'이고 주제에 대한 작가들의 메시지를 비교하는 것에 초점이 맞추어져 있다면 그 단원은 다른 방향을 취할 것이다. 보다시피 개념적 렌즈는 단원 전체의 비전을 만들어 내는 강력한 도구이다.

- 개념적 렌즈는 학문 분야의 중요한 개념에서 도출된다. 언어 교과(ELA)의 일반적인 개념적 렌즈는 〈표 4-1〉에서 찾을 수 있다. 예시로 제시된 렌즈(이 목록에 국한되지 않음)는 해당 학문과 관련이 있고, 단원 전반에 걸쳐 학생의 생각과 교사의 수업을 안내하며 학생의 언어 교과에 대한 이해를 심화하는 데 도움이 될 것이다. 언어 교과 교육과정 작성자가 많이 하는 실수는 사회과라든지 다른 교과 영역에 더 밀접한 렌즈를 선택하는 것이다. 예를 들어, '공동체(community)'와 같은 렌즈는 간학문(interdisciplinary) 단원에서 훌륭한 렌즈일 수 있으나 언어 교과와는 거리가 멀 수 있다.

〈표 4-1〉 언어 교과 단원에서 사용되는 개념적 렌즈의 예

관계	추론	텍스트 구조	의도	주장
갈등	주제	텍스트 특성	언어	관점
성격 묘사	기법	장르	연구	패턴
해체	과정	영향	설득	목소리
정체성	선택	표현	분위기	형식

- 때때로 개념적 렌즈는 한 단어가 아닌 두 단어일 수 있다. 앞에서 언급한 '공동체 (community)'라는 렌즈가 다른 개념과 연결된다면 언어 교과 단원에 적합해질 수 있다. 예를 들어, '주제(theme)와 공동체(community)'는 언어 교과에 초점이 가까워지도록 만든다. 단원 초점을 형성하기 위해 개념들을 결합하는 것은 단원이 이전 학습보다 더 구체적이고 더 깊이 있게 이루어지기를 원할 때 특히 더 잘 작동할 수 있다. 예를 들어 초등에서는 '인물'이라는 개념적 렌즈가 적합할 수 있지만 중등에서는 이야기 속 인물 연구가 더 정교하므로 개념적 렌즈인 '인물 관계'가 더 적합하다. 이중(dual) 개념적 렌즈는 단원의 의도가 '장르와 텍스트 구조'처럼 두 가지 아이디어에 집중하는 것일 때도 적합하다.

- 개념적 렌즈는 보통 단원명을 검토하고 단원의 초점이 무엇인지 생각한 후에 결정되지만 항상 그런 것은 아니다. 때때로 교사는 최고의 개념적 렌즈가 나타나 선택되기 전에 3단계(제5장 참조)를 거친다. 또는 단원명을 정한 직후 선택한 렌즈는 단원이 개발됨에 따라 변경되어야 할 수도 있다. 마지막 주의 사항은 개념이 너무 협소하면(예: 정적 인물) 적합한 개념적 렌즈가 아니라는 것이다. 이러한 개념은 학습 단원에 포함될 가능성이 높지만 학습의 틀을 잡고 사고를 통합하기에는 너무 제한적이다. 『생각하는 교실을 위한 개념 기반 교육과정 및 수업』(Erickson, 2007, p. 12)은 교과별로 많이 쓰이는 개념적 렌즈 목록을 제공한다. 또한 제5장의 단원 사례에서 사용된 렌즈를 통해 살펴보면 아이디어를 생성하는 데 도움이 될 것이다.

요약

단원의 개념적 렌즈는 학습 중인 내용을 탐색하는 동안 생각하는 데 사용되거나 사고를 지원하는 도구가 된다. 마치 카메라 렌즈가 대상을 확대하여 육안으로는 처음에 알아차리지 못하는 세부 사항을 수집하도록 설계된 것처럼 단원의 개념적 렌즈는 생각을 날카롭게 하고 집중시키는 개념을 제공하여 저차원적 기능과 사실적 지식(내용)이 개념적 차원에서 해석되도록 한다. 사례 전반에서 패턴은 더욱 뚜렷해진다. 그리고 앞서 논의한 바와 같이 개념적 이해는 이러한 이해를 새로운 상황으로 전이하는 것을 지원하며 이것이 우리의 궁극적인 목표이다!

제5장에서는 단원 그물(web)의 개발 과정을 살펴본다. 이제 개념에 대해 배운 정의를 실제로 적용한다. 단원 그물의 질은 단원을 구성하는 나머지 요소의 질을 좌우하므로 인내와 끈기가 필요하다!

제**5**장
교육과정 설계하기: 3단계

얼 나이팅게일(Earl Nightingale)은 "우리는 우리가 생각하는 대로 된다."라는 메시지를 남겼다. 개념 기반 교육과정을 작성하는 과정은 이와 관련된 모든 사람의 생각에 도전한다. 그러나 결국 대부분은 이 교육과정 설계를 도입하기 전과는 매우 다르게 교수 및 학습에 접근하게 된다는 것을 깨닫게 된다. 그들은 지적 기준을 높이기 위해 노력하는 사람들을 끌어들이는 개념 기반 교사가 된다.

교육자는 학생의 생각을 높이 평가한다. 학생을 위한 '생각하는' 또는 '생각을 불러일으키는' 교육과정은 교육과정의 개발과 실행을 모두 지휘하고 생각하는 교사를 필요로 한다. 그러나 한 걸음 물러서서 어떻게 생각하는 교실을 장려하는 교육과정을 만드는지 알아내는 것은 어렵다.

많은 전문가는 학생들과 마찬가지로 새롭고 다양한 종류의 학습이 도입되면 불편함을 느낀다. 개념 기반 교육과정을 처음 만나면 새로운 용어를 이해해야 하고, 과정 중에 종종 당황하게 될 것을 받아들여야 하며, 설계에 힘을 불어넣기 위해 지속적이고 깊은 사고가 필요하다는 점을 인식해야 한다. 이것은 교육과정 작성이 귀중한 전문성 신장 경험인 이유 중 하나이다. 교육과정을 만들었다고 해서 생각이 멈추지 않는다. 교육과정 작성자는 개념 기반 수업의 지적 특성을 전달하고 설계의 진실성을 유지하는 교실을 구현해야 할 책임을 느낄 것이다.

이러한 교실의 구현을 위해서 추가적인 교사 전문성 신장이 필요하다는 데는 의심의 여지가 없다. 개념 기반 교육과정은 정보 제공에서 벗어나 시너지를 내는 사고를 촉진하는 방향으로 교육학적 전환을 요구한다. 교사들은 이 교수법을 각자의 고유한 스타일에 맞게 배우고 연습하여 자기 것으로 만들어야 한다. 하지만 실행에 대해 생각하기 전에 단원 개발을 완료해야 한다.

이제 언어 교과(ELA) 개념 기반 교육과정 설계 과정의 3단계로 이동하겠다. 이전 장에서부터 작성해 온 79쪽 양식을 계속 사용할 것이다. 교육과정 단원 작성 단계가 항상 양식에 나와 있는 대로의 순서를 정확하게 따르지는 않는다는 점을 조심해야 한다. 그 이유는 각 단원의 구성 요소를 소개하면서 설명할 것이다.

3단계: 단원 그물 만들기

단원 그물의 구조

단원 그물의 목적은 단원에 포함될 수 있는 잠재적인 하위 주제(subtopic)와 개념을 식별하는 것이다. 그물을 완성하는 것은 브레인스토밍이자 초안 작성 연습이며, 매우 중요한 첫 단계이다. 우리의 개념적인 생각(conceptual mind)은 중요한 사실과 기능을 고려하기 전에 먼저 이해에 대해 생각하도록 의도적으로 작동한다.

단원 그물의 하위 주제와 개념은 스트랜드(strands), 즉 언어 교과 성취기준(standards)에서 기대되는 능력을 설득력 있게 표현한 것으로 조직되며 단원명과 개념적 렌즈를 둘러싼다. 단원 그물을 만들면 단원 설계 팀에 에너지와 집중력이 생긴다. 언어 교과를 위한 스트랜드는 다음과 같다.

- 텍스트 이해하기(Understanding text)
- 텍스트에 반응하기(Responding to text)
- 텍스트 비평하기(Critiquing text)
- 텍스트 생산하기(Producing text)

각 스트랜드에서 텍스트는 넓은 의미를 지닌다. 텍스트는 아이디어, 감정 또는 정보를 전달하는 데 사용되는 인쇄 또는 비인쇄 매체로 정의된다. 이것은

> 스트랜드는 언어 교과 성취기준에서 기대되는 능력을 설득력 있게 표현한 것이다.

각 스트랜드를 정의하는 다음 섹션에서 자세히 설명할 예정이다. 스트랜드는 언어 교과 과정의 통합과 강력한 상호작용을 지원한다. 예를 들어 텍스트 이해하기 스트랜드는 영화를 보는 것, 인쇄물을 읽는 것 또는 연설을

> 텍스트는 아이디어, 감정 또는 정보를 전달하는 데 사용되는 인쇄 또는 비인쇄 매체로 정의된다.

듣는 것 등의 의미 구성을 나타낸다. 텍스트 생산하기 스트랜드는 쓰기, 말하기 및 발표하기 과정을 포함한다.

각 스트랜드는 어떻게 정의되는가

텍스트 이해하기

이 스트랜드는 학습자가 읽고, 듣고, 보는 텍스트에서 의미를 구성하기 위해 이해해야 하는 개념을 나타낸다. 표면적인 수준에서 이해하는 것만으로는 충

> 텍스트 이해하기는 학습자가 읽고, 듣고, 보는 텍스트에서 의미를 구성하기 위해 이해해야 하는 개념을 나타낸다.

분하지 않다. 더 깊이 이해하려면 개념적 이해와 새로운 연결 지점을 반영하는 신중한 반응, 정보를 비판적으로 분석하는 능력이 필요하다.

텍스트에 반응하기

이 스트랜드는 독자, 작가, 청자, 시청자가 양질의 반응을 생성하고 담화에서 효과적인 역할을 수행하기 위해 이해해야 하는 개념으로 구성된다. 이것은 학생들이 "이 책이 마음에 들어요."나 "정말 굉장해요." 또는 "이건 지루해요."와 같은 반응을 넘어서기 위해 중요하다. 무엇보다도 텍스트에 반응하기는 다음과 같은 사항의 발달을 지원한다.

● 협업

21세기 기능은 다양한 세계에서 협업을 강조한다. 학생들이 협업하기 위해서는 청중과 과제 그리고 목적과 관련하여 의사소통 및 반응(reactions)을 조정하는 방법을 배워야 한다. 텍스트에 반응하기는 텍스트에 대한 개인적인 연결과 반응을 지원하지만 다른 사람의 생각에 마음을 열어 주기도 한다. 반응은 텍스트가 어떻게 자신의 견해와 충돌하는지, 자신의 견해를 변경하거나 확인하도록 하는지 보여 준다. 반응을 입증하기 위해 텍스트 속 증거가 인용된다. 학생은 다른 사람의 반응을 고려하면서 처음에는 알아차리지 못했던 뉘앙스를 인식하게 되는 경우가 많다. 텍스트에 반응하기는 다른 사람의 반응을 찾아내고 사고와 상호작용에 열린 마음으로 참여하는 것이 어떻게 학습을 심화시키는지 학생이 깨닫게 하는 스트랜드이다.

● 아이디어 교환

앞에서 언급한 것처럼 반응은 단순히 자신의 의견이나 감정을 공유하는 것만이 아니다. 우리는 사회적 교류가 생각을 발전시키고 이해를 심화시킬 수 있다는 것을 안다. 의미 있는 대화가 되려면 반응하기의 이면에 있는 개념을 이해해야 한다. 학생에게 텍스트에 반응할 기회를 제공할 때 학습 중인 텍스트나 내용이 그에게 미친 영향을 먼저 설명하도록 한다. 학생들은 텍스트에 대한 자신의 반응을 공유하고 토론하며 그들이 파악하지 못한 아이디어를 듣기 시작하고 새로운 관점을 검토할 수 있다. 오늘날의 다양한 교실에서 아이디어를 주고받는 것은 반응하기의 맥락에서 문화적 관점에 대한 이해를 넓혀 준다.

● 개인적 연결

'개인적 연결(personal connections)'은 이 스트랜드 아래에 자주 나열되는 개념이다. 이해(comprehension)가 깊어지는 의미 있는 연결을 만들기 위해 학생은 '연결'이란 개념을 이해해야 한다(Lanning, 2009). 다시 말해, 개념은 학년이 올라감에 따라 점점 더 정교해질 것이다.

이 스트랜드에 해당하는 개념의 또 다른 예시는 다음과 같다.

- 토론 규칙(protocols)
- 성찰
- 배경지식
- 아이디어 종합
- 책임
- 참여
- 피드백
- 집중
- 명료화(clarification)
- 설명
- 질문

텍스트에 반응하기는 텍스트 이해하기를 강화하고 지원하며 그 반대의 경우도 마찬가지이다.

텍스트 비평하기

텍스트 비평하기가 사실상 텍스트에 반응하기의 하위 집합이라고 주장할 수 있지만 분리된 데는 이유가 있다. 과거에는 중등교사들이 텍스트 비평하기를 지나치게 강조하는 경향이 있었다. 학생들이 대화에 개인적 반응을 가져오는 것 대신 몇 주에 걸쳐 작품을 분해하고 분석하도록 하였다. 초등교사에게는 그 반대가 더 일반적이다. 학생들은 책을 왜 좋아하거나 싫어하는지, 텍스트와 그들이 어떻게 연결되는지 말할 기회는 있었지만 비평은 거의 해 보지 못했다! 국가공통핵심기준(Commor Core State Standards: CCSS)은 전 학년에 걸쳐 자세히 읽기(close reading), 즉 깊이 있는 분석에 대한 기대로 가득 차 있다. 다만 이는 교사가 책의 내용에 대해 학생들에게 질문을 퍼붓는 것으로 되돌아가도 된다는 뜻은 아니다! "메리는 누구였습니까?" "그녀는 정원에서 무엇을 키웠습니까?" "꽃이 무슨 색이었습니까?"처럼 말이다.

텍스트 비평하기 스트랜드는 독자와 청취자가 텍스트를 분별하기 위해 이해해야 하는 개념을 식별한다. 국가공통핵심기준은 여러 텍스트 비교하기, 그래픽의 정보 판단하기, 저자와 화자의 전제에 의문 갖기와 같은 능력의 중요성을 강조한다. 개념에 대한 이해는 이러한 복잡한 기능과 관련된다. 텍스트 비평하기는 작가의 기법에 대한 이해를 발전시킬 수 있는 기회도 제공한다. 비평하기의 가치와 그것이 수반하는 모든 것을 이해함으로써 학생은 세상에서 더 나은 정보의 소비자가 될 수 있다.

> 텍스트 비평하기 스트랜드는 독자와 청취자가 텍스트를 분별하기 위해 이해해야 하는 개념을 식별한다.

텍스트 생산하기

텍스트 생산하기 스트랜드는 텍스트의 생산 또는 생성에 중요한 개념을 다룬다. 생산은 연설, 발표, 시각 자료, 멀티미디어 또는 글의 형태를 취할 수 있다. 텍스트 생산에 사용되는 중요한 내용과 과정, 전략, 그리고 기능의 이면에 있는 개념을 이해하는 것은 학습을 새로운 상황으로 전이하는 데 도움이 된다. 예를 들어, '목소리(voice)'라는 광범위한 개념은 학습 단원과 관련이 있을 수 있다. 학년에 따라 '목소리'라는 더욱 광범위한 개념에서 마이크로 개념 또는 아이디어를 꺼낼 수 있는데, 텍스트 생산하기 스트랜드에 나타날 수 있는 예시는 다음과 같다.

> 텍스트 생산하기 스트랜드는 텍스트의 생산 또는 생성에 중요한 개념을 다룬다. 생산은 연설, 발표, 시각 자료, 멀티미디어 또는 글의 형태를 취할 수 있다.

느낌/감정	어휘
청중 인식	진정성(Authenticity)
개별적/개인적	스타일
글꼴 선택	분위기
어조(Tone)	직접적/간접적 목소리

왜 스트랜드이어야 하는가

제시된 스트랜드는 수업에서의 통합을 촉진하고 언어 교과 교육과정 전반에서 목적을 위한 수단이 아닌 바라는 결과(desired results)를 강조하기 때문에 선정되었다. 단원 그물에서 읽기, 쓰기, 말하기, 듣기, 보기, 발표하기의 의사소통 과정을 별개의 스트랜드로 분리하지 않는다. 제시된 네 가지 스트랜드인 텍스트 이해하기, 텍스트 생산하기, 텍스트에 반응하기, 그리고 텍스트 비평하기는 문해력 학습에 대한 보다 통합되고 균형 잡힌 접근 방식을 나타낸다. 이 접근 방식은 국가공통핵심기준에서도 권장한다.

국가공통핵심기준은 개념적 명확성을 위해 읽기, 쓰기, 말하기 및 듣기와 언어 스트랜드로 구분되지만, 이 문서에 반영된 것처럼, 의사소통의 과정은 서로 밀접하게 연결되어 있다(Common Core State Standards Initiative, 2010, p. 4).

이 네 가지 스트랜드 모두 다수의 다양한 텍스트 자료의 사용을 권장한다. 텍스트는 주요 초점이 아니고 언어 교과에서 원하는 역량을 연습하기 위한 '수단'이 되어야 한다. 우리는 책과 작품이 아닌 독자와 작가를 가르친다! 언어 교과에서 필요한 과정(processes)이야말로 다수의 텍스트와 다양한 텍스트 유형에 걸쳐 학생들이 유연하게 전이할 수 있도록 전적으로 개발되어야 한다.

복습하자면 이러한 스트랜드는 언어 교과 성취기준에서 기대되는 능력을 설득력 있게 표현한 것이며 각 스트랜드에서 텍스트란 아이디어, 감정 또는 정보를 전달하는 데 사용되는 인쇄 또는 비인쇄 매체로 정의된다.

하위 주제와 개념

단원 그물의 각 스트랜드 아래에는 하위 주제(subtopics)와 개념(concepts)을 모두 나열해야 한다. 제2장에서 소개한 지식의 구조와 과정의 구조(p. 44 [그림 2-2] 참조)를 기

억하는가? 단원 그물의 하위 주제와 개념은 지식과 과정 모두에서 파생되기 때문에
이러한 구조를 염두에 두는 것이 중요하다.

> 하위 주제는 책 제목이나 멀티미디어, 연극 또는
> 연구 절차와 같은 특정한 사실적 정보이거나 자
> 료의 제목일 수 있다.

> 각 스트랜드와 관련된 개념은 단원 수업에 중요
> 하다고 여겨지는 아이디어이며, 내용과 필수적
> 인 과정이라는 두 가지 원천에서 도출된다.

각 스트랜드 아래에 나열된 하위 주제는 책 제목이
나 멀티미디어, 연극 또는 연구 절차(예: Big 6)와 같
은 특정한 사실적 정보이거나 자료의 제목일 수 있
다. 각 스트랜드와 관련된 개념은 단원 수업에 중요
하다고 여겨지는 아이디어이며, 내용(content)과 필
수적인 과정(processes)이라는 두 가지 원천에서 도
출된다. 이 시점에서 양질의 단원 그물을 만드는 방
법을 배우기 전에 단원 그물의 예시가 어떤 모습인
지 확인하고 싶을 것이다([그림 5-1A]부터 [그림 5-1C]까지 참조).

단원 그물의 하위 주제, 그들은 어디에서 오는가

'에드거 앨런 포(Edgar Allan Poe)의 작품 탐구하기'라는 제목의 단원에서 텍스트 이
해하기 스트랜드에는 『더 레이븐』, 『어셔가의 몰락』, 미국 낭만주의 운동 등이 하위
주제로 포함될 수 있다. 즉 단원의 주된 사실적 지식 또는 특정 자원이 단원 그물의
스트랜드에 나열된다. 국가공통핵심기준에는 단원과 관련될 수 있는 일부 하위 주제
(내용)가 포함되어 있다. 앞에서 언급한 바와 같이 국가공통핵심기준에는 주제별 내
용이 거의 없지만 일부는 존재한다. 예컨대 '사실 찾기'라는 단원에서 교사는 국가공
통핵심기준에서 식별된 일부 기초적 국가 문서를 포함할 수 있다. 선택한 문서의 제
목이 단원 그물에 나열되고 이러한 문서 연구의 일부가 될 수 있는 중요한 주제도 단
원 그물에 기록될 것이다.

학습 단원: 글쓰기 멘토로서의 작가	학년 수준: 9	개념적 렌즈: 작가의 기법

텍스트 이해하기(R, L)
- 원인/결과
- 추론
- 단어 선택/대화(dialogue)/어조
- 심상(Imagery)
- 텍스트와의 연결
- 순서
- 요약
- 이야기 요소/구성
- 중심 아이디어
- 상징주의
- 다양한 시간대의 특성

텍스트에 반응하기(W, S)
- 해석
- 교훈
- 성찰
- 결론
- 개인적인 관점
- 텍스트 증거
- 협업

단원명:
글쓰기 멘토로서의 작가

텍스트 생산하기(W, S)
- 쓰기 과정
- 작가 기법의 요소
- 단편소설의 요소
- 텍스트 구조의 시각적 표현
- 타임라인
- 비유적 언어
- 객관적 요약
- 쓰기 도구/멘토 텍스트

텍스트 비평하기(L, W, S)
- 텍스트 구조 및 작가 기법
- 비판적 입장
- 작가의 배경 및 관심사
- 사실 대 허구
- 등장인물의 개발 및 동기
- 주제 개발
- 편견

언어 교과 성취기준(아이오와주 공통핵심기준)

RL.9-10.1. 텍스트에서 도출된 추론뿐만 아니라 텍스트가 명시하는 내용에 대한 분석을 지원하기 위해 강력하고 철저한 텍스트 증거를 인용한다.

RL.9-10.2. 텍스트의 주제 또는 중심 아이디어를 알아내고 어떻게 그것이 구체적인 세부 사항에 의해 형성되고 다듬어지는지를 포함하여 텍스트 내에서 그 전개를 자세히 분석한다. 텍스트의 객관적 요약을 제공한다.

RL.9-10.3. 복잡한 인물(예: 다양한 동기 또는 상충하는 동기를 가진 인물)이 텍스트가 진행되며 어떻게 발전하고 다른 인물과 상호 작용하며 줄거리를 발전시키거나 주제를 개발하는지 분석한다.

RL.9-10.4. 비유적 의미와 함축적 의미를 포함하여 텍스트에 사용된 단어와 구의 의미를 알아낸다. 특정 단어 선택이 의미와 어조에 미치는 점진적인 영향을 분석한다(예: 언어가 시간과 장소 감각을 불러일으키는 방법, 공식적 또는 비공식적 어조를 설정하는 방법).

[그림 5-1A] 9학년 단원 그물의 예시

범례: R = 읽기(Reading) W = 쓰기(Writing) L = 듣기(Listening) S = 말하기(Speaking)
저자: Julie Crotty, Cheryl Carruthers, Melissa Clarke, Barb Shafer
출처: Area Education Agency 267, Cedar Falls, IA.

학년 수준: 7

단원명: 설득을 위한 미디어

개념적 렌즈: 설득/편견

텍스트 이해하기:
- 비문학 텍스트 구조 및 텍스트 기능
- 멀티미디어:
    - 인쇄 매체(정보), 타블로이드 신문, 상업 매체(광고), 에세이(의견), 전자 매체(기술/인터넷), 오디오 매체, 영화, 투표, 슬로건
- 설득력 있는 어휘
- 마케팅
- 정치 전술(tactics)

텍스트에 반응하기:
- 설득 기법
- 저널 항목
- 그룹 토의
- 토론
- 개인 정보 문제
- 공공 가치와 태도

단원명:
설득을 위한 미디어

텍스트 생산하기:
- 매체의 종류
- 비평
- 논설문
- 구두 발표
- (품질 또는 효과를 위한)기술/미디어 선택

텍스트 비평하기:
- 언어적 및 비언어적 표현
- 설득 기법(예: 형상, 단어 선택, 후원)
- 미디어 메시지의 타당성/신뢰성
- 설득력 있는 미디어의 사회적 결과
- 시청자 책임
- 착취(exploitation)
- 신뢰

[그림 5-1B] 단원 그물의 예시

비고: 지역 교육구 15 교육과정에서 텍스트는 아이디어, 감정 또는 정보를 전달하는 데 사용되는 인쇄 또는 비인쇄 매체로 정의된다.

출처: Pomperaug Regional School District 15, Middlebury/Southbury, CT.

학년 수준: 4

단원명: 사실주의 소설

개념적 렌즈: 장르/특징

텍스트 이해하기:
- 캐릭터 특성
- 어휘
- 배경지식
- 주제
- 저자의 의도
- 텍스트 구조(기승전결)
- 관점
- 자기 모니터링
- 추론
- 줄거리
- 형상화
- 내러티브 요소

텍스트에 반응하기:
- 연결
- 의미 있는 토의
- 의역
- 설득
- 공감

단원명:
사실주의 소설

텍스트 생산하기:
- 내러티브 글쓰기
- 텍스트 관습(맞춤법, 문법 사용법, 구두점)
- 작문에서 티어 어휘(Tier vocabulary) 및 단어 선택
- 쓰기 과정
- 출판
- 그럴듯한 캐릭터(세부 사항, 실제의 신체 및 성격 특성)
- 대화

텍스트 비평하기:
- 작가의 기법(이야기가 어떻게 '작동'하는지, 캐릭터 묘사의 신빙성 등)
- 의견 및 지원
- 저자, 장르 간 공통점과 차이점

[그림 5-1C] **단원 그물의 예시**

저자: Alicia Adinolfi, 클린톤빌 학교; Kristin Buley, 몬토위스 학교; Laura Donie, 그린 에이커스 학교; Mike Annino, 리즈 로드 학교; Marie Santore와 Laura Gilson, 리터러시 선두자들

출처: North Haven Public Schools, North Haven, CT.

단원 그물의 개념은 어디에서 오는가?

언어 교과 교육과정은 단원 그물에 보통 하위 주제보다 개념이 더 많이 포함되어 있다. 단원 그물에 대한 개념은 주로 다음 두 곳에서 도출된다.

- 단원에서 학습할 지식(내용) 개념(Erickson, 2008)의 지식의 구조로 표현됨
- 단원에서 중점을 둘 과정 개념(과정의 구조로 표현됨)

각각에서 도출할 수 있는 개념의 예는 [그림 5-2]에 나와 있다.

주제 또는 내용 개념 지식	이해 개념 과정	생산 개념 과정
• 권력 • 정체성 • 내적 갈등 • 관계 • 사랑 • 손실 • 탐욕 • 희생 • 선택	• 추론 • 요약 • 연결 • 형상화 • 배경지식 • 자기 조절 • 의도 • 비판적 분석	• 목소리(어조, 분위기, 방언) • 청중 • 텍스트 구조 • 관습 • 텍스트 특징 • 이야기 구성 요소 • 문학적 기법 • 장르

[그림 5-2] **지식 개념과 과정 개념**

비고: 텍스트는 아이디어, 감정 또는 정보를 전달하는 데 사용되는 인쇄 또는 비인쇄 매체로 정의된다.
출처: "지식의 구조(Structure of Knowledge)", Stirring the Head, Heart, and Soul: Redefining Curriculum, Instruction, and Concept-Based Learning, third edition, by H. L. Erickson, 2008, Thousand Oaks, CA: Corwin. 허가 후 게재.

내용에서 도출된 개념(지식)은 사실에 입각한 예시(텍스트에서 직접 얻은 증거)에 의해 뒷받침되며 일반적으로 단원 그물에서 텍스트 이해하기 스트랜드 아래에 나열된다.

단원 내용에서 도출할 수 있는 개념을 자세히 살펴보겠다. 교사는 이러한 개념을 결정하기 위해 단원의 주제와 자료 내에서 중요한 아이디어를 논의해야 한다. '에드

거 앨런 포의 작품 탐색' 단원의 예시로 돌아가면, '죄책감' '집착' '우울증' '악'이 이 단원의 개념이 될 수 있다. 이러한 개념은 이 단원에 포함될 텍스트를 이해하는 데 중요한 아이디어이기 때문에 텍스트 이해하기 스트랜드 아래에 나열된다.

과정에서 도출된 개념은 여러 자원에서 가져온다. 처음에 단원 그물의 개념은 장치의 개념적 렌즈를 염두에 두고 단원 그물의 스트랜드를 가로질러 생각하는 것에서 나올 수 있다. 예를 들어, '사실 찾기'라는 제목의 4학년 단원은 단원의 초점으로 '조사'라는 개념적 렌즈를 가질 수 있다. 교육과정 작성팀은 렌즈를 프레임으로 사용하여 단원 그물에 포함할 보다 구체적인 개념을 식별한다. 이 단원의 각 스트랜드 아래에 나타날 수 있는 몇 가지 개념을 살펴보자.

- **텍스트 이해하기**: 주제, 과제 정의, 관련 정보, 검색 과정
- **텍스트에 반응하기**: 질문, 의역, 피드백, 성찰
- **텍스트 비평하기**: 평가(과정과 결과물에 대한), 자료의 확실성, 검증
- **텍스트 생산하기**: 출처, 합성, 형식, 쓰기 규범(writing conventions)(예: 직접인용, 인용)

단원에 대해 언어 교과가 기대하는 바에 대해 숙고해 보는 것 또한 과정에서 도출된 개념을 가져오는 원천이다. [그림 5-2]에서 과정 개념이 이해와 생산이라는 두 가지 주요 범주로 분류된다는 것을 알 수 있다. 이러한 범주는 언어 교과와 같은 과정 기반 교과의 두 가지 주요 영역을 나타낸다. 이러한 범주 속 개념은 학생이 생각하고 배우기 위해 사용해야 하는 단원 내용과 과정에 대한 교육과정 작성자 간 토의에서 단원 그물의 네 스트랜드를 걸쳐 계속해서 도출되고 지정된다.

> 언어 교과의 국가공통핵심기준은 과정 개념의 또 다른 자원이다.

언어 교과의 국가공통핵심기준은 과정 개념의 또 다른 자원이다. 각 학년 수준에서 언어 교과의 국가공통핵심기준을 자세히 읽어 보면 개념이 나타나기 시작한다. 형광펜을 사용하여 각 성취기준에서 찾은 개념(매크로와 마이크로)을 표시할 것을 제안한다.

예를 들어, 국가공통핵심기준에서 읽기를 위한 핵심 성취기준(Anchor Standard) 4

는 다음과 같이 제시한다.

> 기술적, 함축적, 비유적 의미를 결정하는 것을 포함하여 텍스트에 사용된 단어와
> 구를 해석하고, 특정 단어 선택이 의미나 어조를 형성하는 방법을 분석한다(Common
> Core State Standards Initiative, 2010, p. 10).

〈표 5-1〉은 유치원부터 12학년까지의 문학에 대한 앞의 성취기준에서 언급된 개념을 보여 준다.

〈표 5-1〉 **유치원부터 12학년까지의 문학에 대한 개념**

학년	성취기준과 정렬된 개념의 예시
K	알 수 없는 단어
1	감각 관련 단어, 감정 관련 단어
2	규칙적인 박자, 두운, 각운, 반복
3	문자 그대로의 언어, 문자의 의미를 넘어서는 언어
4	암시
5	비유적 언어, 은유, 직유
6	비유적 의미, 내포적 의미, 단어 선택, 어조
7	비유적 의미, 내포적 의미, 소리 장치
8	비유적 의미, 내포적 의미, 단어 선택, 어조, 유추, 암시
9~10	비유적 의미, 내포적 의미, 누적 영향, 단어 선택, 시간, 장소, 공식적 어조, 비공식적 어조
11~12	비유적 의미, 내포적 의미, 단어 선택, 복합적 의미

교육과정의 단원 그물에 과정 개념을 추가할 때 개념은 학년 수준이 높아짐에 따라 점점 더 구체화해야 한다. 예를 들어, 〈표 5-1〉에 묘사된 국가공통핵심기준에서 교사는 '비유적 의미'의 매크로(광범위한) 개념 뒤에 있는 보다 미시적(구체적인) 개념을 제시하여 학년이 올라감에 따라 이해의 깊이가 증가하거나 발전하는 것을 보여 줄 수 있다. 수준 높은 독자는 '은유적' '관용적' '아이러니한'과 같은 개념을 이해하므

로 이러한 개념은 높은 학년에서 단원 그물의 텍스트 이해하기 스트랜드 아래 나타나기 시작할 것이다. 그래서 교육과정 작성자들은 소규모 협업 팀에서 작업하는 것이 중요하다. 팀의 집단 지혜와 수업 전문성은 교사가 혼자 할 수 있는 것보다 훨씬 더 쉽게 더 정형된 개념을 배출한다.

개념이 미시적(구체적)일수록 이를 이해하는 데 더 많은 전문 지식이 필요하다. 즉, 교육과정 단원은 개념이 정확해짐에 따라 이해의 깊이가 깊어질 것이다. 유치원-12학년(K-12)에서 광범위하고 거시적인 개념만 반복된다면 깊이가 아닌 폭에 초점을 맞춘 교육과정으로 되돌아간다. 유치원에서 '인물'의 개념을 이해하는 것은 텍스트를 이해하는 큰 아이디어이자 중요한 개념이다. 중학교 수준이 되면 학생들은 '정적 인물' '주인공' '반동 인물' '동적 인물' '입체적 인물' 등에 대해 이야기하면서 이 (매크로) 개념에 대한 더 깊은 이해를 보여 준다.

> 개념이 미시적(구체적)일수록 이를 이해하는 데 더 많은 전문 지식이 필요하다.

단원 그물 스트랜드의 마이크로 개념 도출: 텍스트 이해하기(내용 지식)	단원 그물 스트랜드에서 마이크로 과정 개념 도출: 텍스트 생산하기	단원 그물 스트랜드에서 마이크로 과정 개념 도출: 텍스트 이해하기(과정) 텍스트에 반응하기(과정)
인물: • 주요 인물 • 주동 인물 • 반동 인물 • 영웅 • 적 • 페르소나(persona) • 3차원적 • 평면적 • 동적 • 정적	목소리: • 감정/정서 • 청중 인식 • 개인적/사적 • 글꼴 선택 • 어휘 • 진실성 • 스타일 • 분위기 • 어조 • 직접/간접	연결: • 이미지/시각화 • 사전 지식/경험 • 예측 • 텍스트 비교 • 패턴 • 아이디어 종합 • 관계 • 질문

[그림 5-3] **마이크로 개념**

언어 교과의 개념은 과정의 구조(p. 44 [그림 2-2] 참조)에 묘사된 것처럼 과정과 전략 그리고 기능에서 도출된다. 학년 수준을 통해 이해를 더 깊게 하기 위하여 보다 넓은 과정의 매크로 개념에서 과정의 이해를 지원하는 중요한 전략이나 기능을 대표하는 구체적이고 미시적인 개념으로 좁혀 들어가야 한다는 것이다. 예를 들어 유치원생은 텍스트가 의미가 있어야 한다는 것을 배운다(comprehension processes: 이해 과정). 학생들이 능숙한 독자가 되어가면서 추론, 요약, 연결, 자기 조절(Lanning, 2009)과 같은 이해 과정을 지원하는 전략에서 도출된 더 많은 마이크로 개념이 단원 그물의 일부가 된다. [그림 5-3]은 매크로 개념과 마이크로 개념 사이의 관계를 보여 준다. 더 많은 마이크로 개념에 대한 이해가 커질수록 학습자의 전문성도 커진다.

개념은 각 단원 그물 스트랜드와 관련된 전이 가능한 아이디어를 나타내므로 단원이 언어 교과의 중요한 목표에 대한 깊은 이해를 지원할 거라는 확신을 제공한다. 예시 단원을 살펴보는 것은 양질의 단원 그물을 설계하는 데 명확성을 제공해 줄 것이다.

요약

단원 그물을 만드는 데 필요한 협력적 브레인스토밍은 단원 설계팀에게 에너지와 집중력을 가져다줄 수 있다. 단원 그물을 만드는 주된 목적은 사실적 내용, 핵심 기능 또는 평가와 같은 다른 교육과정 구성 요소에 관한 결정을 내리기 전에 학습 단원과 관련된 아이디어를 찾는 것이다. 단원 그물은 단원의 개념을 시각화한다. 교육과정 작성자가 단원 그물의 중요한 개념을 식별함에 따라 상당한 전문적인 토의와 성찰이 일어난다. 단원 그물의 특정 스트랜드는 격차를 최소화하는 데 도움이 되는 통합되고 포괄적인 언어 교과 교육과정의 요소들에 주의를 기울인다. 개념적 사고 수준에서 생각하며 함께 개발 중인 단원 그물의 진행 과정을 면밀히 관찰하는 교사 집단은 아마도 처음일지도 모른다는 점에서 놀랍다.

요점은 학생이 갖길 바라는, 이해의 쌓기나무 같은 중요한 개념을 우리가 먼저 명시적으로 인식하지 못한다면 학생을 개념적 사고 수준으로 끌어올리지 못할 것이다.

이 장에서 제안된 언어 교과 개념 기반 교육과정 단원 그물의 네 가지 스트랜드에 대한 지원은 존재한다. 다음 등장하는 언어 교과의 국가공통핵심기준에서 가져온 부분을 읽으면서 텍스트 이해하기, 텍스트에 반응하기, 텍스트 비평하기 및 텍스트 생산하기라는 네 가지 단원 그물 스트랜드에 대한 이론적 근거가 '들리는지' 확인하라. 이는 문서에 명시된 성취기준을 충족하는 학생의 모습을 제공한다.

그들은 다른 사람의 아이디어를 바탕으로 자신의 아이디어를 표현하고 자신이 이해했음을 확인한다.

그들은 이해도 하고 비판도 한다. 학생들은 적극적이고 개방적이지만 분별력 있는 독자이자 청취자이다. 저자나 화자가 말하는 내용을 정확하게 이해하기 위해 부지런히 노력하면서 저자나 화자의 가정과 전제에 의문을 제기하고 주장의 진실성과 추론의 건전성을 평가한다.

그들은 증거를 중요하게 생각한다. 학생들은 텍스트의 구두 또는 서면 해석을 제공할 때 특정 증거를 인용한다. 그들은 글과 말에서 자신의 요점을 뒷받침할 때 관련 증거를 사용하여 독자나 청취자에게 자신의 추론을 명확하게 한다.

학생들은 21세기 교실과 직장이 종종 서로 다른 문화권에서 온 사람들과 다양한 경험과 관점을 대표하는 사람들이 함께 배우고 일해야 하는 환경이라는 점을 높이 평가한다. 학생들은 읽기와 듣기를 통해 다른 관점과 문화에 대한 이해를 적극적으로 추구하고 다양한 배경을 가진 사람들과 효과적으로 의사소통할 수 있다(Common Core State Standards Initiative, 2010, p. 7).

제6장에서는 단원이 끝날 때까지 학생이 이해하게 될 이해 진술 또는 일반화를 작성하는 데 단원 그물의 개념이 어떻게 사용되는지 설명한다. 이 다음 단계는 개념 기반 교육과정 설계의 핵심이다.

제 **6**장

교육과정 설계하기:
4단계와 5단계

이 장에서는 강력한 일반화와 안내 질문을 작성하는 과정을 공부할 것이다. 대부분의 개념 기반 교육과정 단원에는 단원이 끝날 때까지 학생이 이해하기를 바라는 5~8개의 강력한 일반화가 포함된다. 82쪽에 나와 있는 계획 양식의 일부를 참고할 수 있다.

> 대부분의 개념 기반 교육과정 단원에는 단원이 끝날 때까지 학생이 이해하기를 바라는 5~8개의 강력한 일반화가 포함된다.

생각과 이해

이해가 사고의 산물이라면(Perkins, 1992) 교사는 자신이 설계한 각 수업에서 학생이 달성하기를 바라는, 예상되는 전이 가능한 이해를 명확히 할 필요가 있다. 복잡한 아이디어에 대한 더 깊은 이해는 개념적 수준에서 전이되므로 개념 기반 교육과정에서 일반화의 역할은 예상되는 이해를 교사에게 명백하게 만드는 것이다.

예를 들어, 중등 수준의 언어 교과 교육과정 단원에는 '선전(propaganda)은 의식적으로 관찰되지 않을 때 다른 사람의 행동과 의견에 강력한 영향을 미친다'라는 일반화가 포함될 수 있다. 이것은 교사가 학습 단원이 끝날 때까지 학생이 깨닫기를 바라는 이해이다. 수업을 계획할 때 교사는 이 단원 일반화(및 단원 내 다른 일반화)를 사용하여 학생이 이러한 이해를 하도록 유도하기 위해 포함할 텍스트와 할당할 과제 유형을 결정할 수 있다. 에릭슨(Erickson, 2008, p. 28-32)은 일반화가 교육의 방향과 깊이를 결정해야 한다고 주장한 힐다 타바(Hilda Taba, 1966)의 작업을 참조한다. 타바는 특정 내용을 다루기(cover)보다는 표집(sample)해야 한다고 믿었다. 단원의 일반화는 한 단원에 얼마나 많은 내용을 포함할지 정보에 입각한 결정을 내리도록 하므로 개념 기반 교육과정에서 중요한 역할을 한다.

4단계: 일반화 작성

제2장에서 '일반화'를 수업과 평가를 지시하는 명확하고 설득력 있는 이해 진술로 정의하였다. 하나의 일반화에는 강력한 동사(verbs)를 사용하는 관계에서 명시된 두 개 이상의 개념(단원 그물에서 선택된다-여기에서 모든 단원 그물 작업이 성과를 거둔다!)이 포함된다. 약한 동사(affect, impact, influence, is, have, are)는 명료성이 부족하고 충분

> 일반화는 수업과 평가를 지시하는 명확하고 설득력 있는 이해 진술이다.

한 이해의 폭을 드러내지 않는 광범위하고 얕은 수준의 진술을 생성하기 때문에 no-no 동사로 분류된다(Erickson, 2008).

- 개념 1 + 강력한 동사 + 개념 2 = 일반화
  (개념의 추가는 선택 사항임)

이때 양질의 일반화를 알아보기 위한 추가적인 기준을 검토하는 것도 좋다 (Erickson, 2008).

일반화는 ……
- 광범위하고 추상적이다(정도는 다양함).
- 보편적으로 적용된다.

- 일반적으로 시대를 초월한다(아이디어가 모든 경우에 시대를 초월하지 않으면 수식어가 필요할 수 있음).
- 일반화를 지지하는 다른 예시를 대표한다.
- 둘 이상의 개념이 관계에서 명시된다.

일반화를 작성할 때,

- 두 개 이상의 별개의 아이디어가 하나의 진술문으로 눌러 담아지지 않도록 한다. 일반화가 여러 줄이 되면 이해하기 매우 혼란스러워지며 여러 아이디어가 함께 연결되어 있음을 나타내는 지표가 된다.
- 언어는 가능한 한 설득력 있고 간결하게 하며 진술문을 명확하게 한다. 개념 기반 교육과정의 수업은 학생이 귀납적 교수법을 통해 아이디어를 스스로 깨닫도록 설계되었다.
- 고유 명사 또는 대명사를 피하고 과거 시제와 미래 시제 동사를 사용하지 않는다(일반화가 시간과 상황을 통해 전이될 수 있도록 한다).
- 수동태를 피하라. 수동태에서 능동태로 문장을 뒤집는 것이 도움이 된다. 예를 들어, '인물의 상호작용에 의해 우화의 교훈이 드러난다'(수동태)는 '인물의 상호작용은 우화의 교훈을 드러낸다'(능동태)가 된다. 순서를 바꾸면 아이디어가 더 정확하고 명확해진다.
- 수식어(qualifier)를 과도하게 사용하지 않도록 한다. 일반화가 학습 단원에 중요하지만 모든 상황에서 적용되지 않을 수 있으므로 때로는 수식어(아마도, 종종, ~할 수 있다, 자주 등)가 필요하다. 하지만 수식어를 남용하는 함정에 빠지지 않도록 주의해야 한다!
- 마지막으로 가치 진술을 반영하는 일반화는 피하도록 한다. 신념과 가치는 보편적이지 않다.

사전 지식 평가하기

일반화에 대한 이해도를 간단히 측정할 수 있는 퀴즈를 준비하였다. 이 퀴즈는 오해를 바로잡고 일반화에 대해 더 많이 배우면서 도움될 만한 피드백을 제공하기 위해 삽입되었다. 이 장을 계속하기 전에 몇 개나 맞히는지 확인해 보라! 정답은 126쪽에 있다.

> **퀴즈** 다음 진술은 강력하고 수준 높은 언어 교과 교육과정의 일반화를 나타내는가? 그 이유는 무엇인가?

1. 연구는 역사 소설 작가가 이야기의 시대와 인물을 진정성 있게 묘사하는 데 도움이 된다.
2. 박식한 시민은 널리 읽어야 한다.
3. 문법과 문장 구조는 작가의 메시지의 명확성에 영향을 준다.
4. 논쟁은 편협함을 타파함으로써 태도를 변화시킬 수 있다.
5. 저자는 자신의 경험과 아이디어를 공유하기 위해 이야기와 그림을 사용한다.

이제 우리는 단원 작업의 '품질 관리'를 해 주는 일반화 작성 과정을 더욱 자세히 검토할 준비가 되었다.

일반화 작성 시작하기

제2장에서 에릭슨(2008)의 양질의 일반화 작성을 위한 구조가 소개되었다. 그녀는 '학생들은 ~을 이해할 것이다'라는 문장 구조로 시작할 것을 제안한다. 이 문장 구조는 나중에 교육과정 단원에서 일반화가 작성될 때 삭제된다. 이 문장 시작자(sentence-starter)는 일반화 진술 제작의 첫 단추이며 일반화 진술이 중요하고 전이 가능한 이해를 반영하도록 한다. 〈표 6-1〉은 과정(이해 및 생산)과 지식을 모두 나타

내는 일반화의 예시를 나열한다.

〈표 6-1〉 **일반화 예시**

일반화 단원이 끝날 무렵 학생들은 ~을 이해할 것이다.	~에 대한 이해를 나타낸다.
1. 삶의 어려운 선택은 사람들을 더 강하게 만들 수 있다.	지식(텍스트에서 비롯된)
2. 시는 종종 독자들에게 의미를 발견하기 위해 배경지식과 추론을 활용하도록 요구한다.	이해(comperhension) 과정
3. 시적 장치(은유, 의인화, 두운, 직유, 의성어)는 메시지를 전달하고 독자의 감정과 상상력을 자극한다.	생산 과정

일반화를 단원 그물에 정렬하기

일반화는 단원을 진행할 때 교사가 개발할 학습 경험(learning experiences)의 구조를 잡아 준다. 일반화는 개념 기반 교육과정 및 수업에서 매우 중심적인 역할을 하므로, 단원의 일반화는 전체적으로 단원 그물의 모든 스트랜드를 다룸으로써 그 단원이 포괄적이고 균형 잡힌 문해력 교육과정을 대표한다는 확신을 제공할 수 있어야 한다.

이제 교육과정 작성자로서 단원 그물에서 식별된 개념을 검토하고 이들 간의 관계를 고려하기 시작할 차례이다. 먼저 학생이 이 학습 단원을 통해 도출할 것으로 예상되는 몇 가지 일반화를 브레인스토밍한다. 전이 가능한 이해의 진술(일반화)을 만들기 위해 개념이 결합되면서 일반화는 단원 주제를 공부하는 근거가 되고 사실과 기능에 관련성을 제공한다.

때때로 일반화는 단원 그물의 각 스트랜드에 대한 중요한 아이디어를 표현하기 위해 작성된다. 또 어떤 경우에는 일반화가 언어 교과 단원 그물의 다수의 스트랜드에서 중요한 아이디어를 나타낼 수 있다. 언어 교과 과정 간의 상호성은 이러한 상호작용을 장려한다. 이것은 단편소설 단원과 관련한 〈표 6-2〉에서 자세히 설명된다.

〈표 6-2〉에서 일반화는 이러한 여러 가지 과정에 걸친 전이 가능한 이해에 대한 수업을 지원한다. 첫 번째 일반화를 살펴보겠다.

〈표 6-2〉 6학년 단편소설 단원에서의 일반화 예시

1. 사실주의 단편소설은 일반적으로 삶의 한 사건이나 경험을 깊이 탐구한다.
   (텍스트 이해하기, 텍스트 생산하기, 텍스트에 반응하기)

2. 단편소설은 종종 빠른 전개와 갑작스러운 결말에 포함된 몇 명의 중심인물과 함께 촘촘한 이야 기 흐름을 따른다.
   (텍스트 비평하기, 텍스트 이해하기, 텍스트 생산하기)

3. 단편소설의 장르는 독자가 짧은 텍스트 내에서 빠르고 정확하게 추론하고 개인적 연결을 할 것 을 요구한다.
   (텍스트 이해하기, 텍스트에 반응하기)

4. 단편소설의 주제는 자기 자신, 다른 등장인물, 또는 주변 세계와의 갈등을 겪는 개인을 반영한다.
   (텍스트 이해하기, 텍스트 비평하기, 텍스트 생산하기)

5. 단편소설 작가는 상징적 및 비유적 언어를 사용하여 메시지를 간결하게 전달하기 위해 신중하 게 글을 쓴다.
   (텍스트 이해하기, 텍스트 생산하기, 텍스트 비평하기)

출처: Pomperaug Regional School District 15, Middlebury/Southbury, CT.

사실주의 단편소설은 일반적으로 삶의 한 사건이나 경험을 깊이 탐구한다.

1. 단편소설이 구성되는 방식에 대한 학생들의 이해를 지원하는 이러한 일반화를 가르칠 때 교사가 개발할 수 있는 다양한 수업에 대해 생각한다(텍스트 이해하기).
2. 일반화가 단편소설 쓰기에 대한 수업을 안내하는 방법에 대해 생각한다(텍스트 생산하기).
3. 학생이 텍스트에 대한 응답을 공유하고 토론할 기회와 함께 이 일반화에 대해 교사가 제기할 수 있는 질문을 고려한다(텍스트에 반응하기).

학습 경험은 학생이 '사실주의 단편소설은 일반적으로 삶의 한 사건이나 경험을 깊이 탐구한다'라는 결론에 도달하기 위해 학생의 생각을 자극하도록 설계되어야 한다. 학생이 텍스트 예제 및 학습 상황 전반에 걸쳐 일반화를 발견할 기회가 많을 때 개념적 패턴이 나타나기 시작하고 전이 가능한 아이디어(일반화)가 실현되기 시작한다. 이러한 아하 모먼트(aha moments)는 우리가 가르치는 이유이며 학생에게 기억할 만한 학습을 만들어 준다.

일반화는 다양한 수준의 추상성, 일반화 가능성 및 복잡성을 나타낸다. 일반화의 개념적 부담은 학생이 처음 새로운 학습을 접할 때 더욱 제한된다. 예를 들어, '사람들은 독자와 메시지를 나누기 위해 글을 쓴다'라는 일반화는 유치원생에게 적합한 개념적 관계에 대한 간단한 진술이다. 다음 학년에 올라감에 따라 더 많은 개념이 추가되면서 이해가 정교해지며 일반화는 더욱 구체화된다. '**구두점, 대문자 사용** 및 **흥미로운 단어**는 글을 명확하게 하고 **독자**에게 매력적으로 다가가는 데 도움이 된다.' 일반화의 구체적이거나 광범위한 정도는 발달단계의 적합성에 따라 결정되어야 한다.

일반화의 정교한 정도는 개념과 개념 사이의 관계를 나타내는 동사의 힘에 의해서도 결정된다. 이전에 나온 no-no 동사(affect, impact, influence, is, have, are)를 기억하는가? 이 no-no 동사를 사용하면 일반적으로 저차원적 또는 1단계(level 1) 일반화가 된다. 주로 일반화 작성을 위한 브레인스토밍 단계에서 아이디어를 포착하려다가 1단계 일반화가 만들어진다. 하지만 아이디어의 초안이 작성되었을 때 일반화를 더욱 정교한 수준으로 업그레이드하는 방법이 있으므로 괜찮다. 그 방법이 비계(scaffolding) 설정이다.

약한 일반화를 만드는 다음 동사를 피할 것

- affect(영향을 미치다)
- impact(영향을 주다)
- influence(영향을 미치다)
- is(~이다)
- have(~을/를 가지다)
- are(~이다)

일반화의 비계 설정

에릭슨(2008)은 낮은 수준의 일반화를 더욱 복잡한 수준의 사고로 가져오기 위해 몇 가지 간단한 질문을 고안하였다. 예를 들어, 교육과정 단원의 일반화를 브레인스토밍한 후 교사 팀은 일부 일반화 문장이 no-no 동사를 사용하여 작성되었음을 발견하였다. 이러한 1단계 일반화는 '어떻게?' 또는 '왜?'라는 질문으로 수정한다. 교사가 질문에 대한 가능한 답변을 논의할 때 새로운 개념이 들린다. 한번 해보라! 약한 no-no 동사는 일반화에 더 정확한 개념이 추가됨에 따라 더 강한 동사로 변경된다. 이 수정 과정을 통해 진술이 정교해지고 명확해진다. 다음은 예시이다.

1단계 일반화: 인물의 갈등은 이야기의 메시지에 영향을 준다.

비계(Scaffolding) 질문: 인물의 갈등은 이야기의 메시지에 어떻게 영향을 주는가?

2단계 일반화: 인물의 내적 및 외적 갈등은 삶이나 인간 본성에 대한 더 깊은 메시지를 암시한다.

대부분의 개념 기반 교육과정 단원은 단원이 끝날 때까지 학생이 이해하기를 바라는 5~8개의 강력한 일반화를 포함한다. 거의 모든 일반화는 2단계이지만 3단계(level 3) 일반화 한두 개가 포함될 수 있다. 생각을 3단계로 높이려면 어떻게 해야 하는가? 마찬가지로 에릭슨(2008)은 생각을 촉발하는 간단한 질문에 답할 것을 제안한다. 일반화가 2단계에서 3단계로 이동하려면 "이것의 중요성(또는 효과)은 무엇입니까?"라고 질문한다.

다음은 앞선 예시를 연장하여 3단계 일반화를 만든 것이다.

1단계 일반화: 인물의 갈등은 이야기의 메시지에 영향을 준다.

비계 질문: 인물의 갈등은 이야기의 메시지에 어떻게 영향을 주는가?

2단계 일반화: 인물의 내적 및 외적 갈등은 삶이나 인간 본성에 대한 더 깊은 메시지를 암시한다.

비계 질문: 그래서 뭐 어떻다는 것인가?

3단계 일반화: 작가는 인물의 성격을 층으로 쌓아 내적 갈등과 외적 갈등 사이의 대비를 선명하게 한다.

일반화를 3단계로 옮겼을 때 2단계 일반화의 중요성을 설명하는 새로운 아이디어가 된 것을 알아차릴 수 있다. 교육과정 작성자로서 사람마다 2단계 일반화의 중요성에 대해 각자 다르게 생각하므로 여러분의 팀에 있는 사람 수만큼의 3단계 일반화를 생각해 낼 수 있다. "그래서 뭐 어떻다는 것인가?" 질문에 답하면서 '틀에서 벗어난' 생각을 유도한다. 훌륭한 3단계 일반화에 관한 합의에 이르는 과정은 흥미롭다.

일반화로 가르치기

일반화에 기반하여 단원을 가르치기 시작할 때 다음 몇 가지 사항은 기억할 만하다.

- 수업 시작 시 교사가 일반화를 선언하게 되면(연역적 교수) 학생이 생각하고 결론에 도달하며 궁극적으로 각자의 이해를 표현할 기회를 잃게 된다.
- 비록 학생의 결론이나 주장이 교육과정의 일반화와 정확히 같은 표현으로 기술되지 않을 수 있지만 아이디어는 일반적으로 유사한 용어로 설명된다.
- 학생은 단원 계획에서 식별되지 않지만 유효한 일반화에 도달할 수도 있다. 이

는 학생이 개념적으로 생각하고 있다는 지표이므로 여러분의 개념 기반 가르침에 박수를 보낸다!

4단계 요약

교육과정 단원이 끝날 때까지 학생이 이해하기를 바라는 강력하고 전이 가능한 아이디어를 표현하는 일반화 진술을 작성하려면 연습이 필요하다. 교사들은 개념적 수준에서 생각하도록 독려받은 경험이 적어서 일반화 작성하기를 처음에는 어려워한다. 그러나 돌아오는 것은 그만한 가치가 있다. 내용과 과정에서 전이 가능한 이해를 추정하고 정확한 말로 아이디어를 표현하는 것을 배우면 수업이 명확해진다. 일반화는 교사가 목표로 하는 학생의 이해를 가시화한다.

처음에 학생도 일반화의 작성을 어려워할 것이라고 예상한다. 교육과정과 수업은 오랫동안 개념적 사고를 거의 강조하지 않고 사실과 기능에 초점을 맞춰왔다. 그 결과 학생은 당면한 과제에 대해 이미 교사의 머릿속에 있는 '정답'을 찾는 데 주력한다. 학생은 위험을 감수하고 '틀리는' 것을 두려워하게 된다. 개념 기반 교육과정 및 수업은 교사와 학생 모두에게 사고 과정을 사용하여 개념적 수준의 이해에 도달하는 방법을 가르친다. 학생이 교실 학습 경험으로 드러나는 아이디어를 깨닫기 시작하면 교육과정 단원에 나열되지 않은 일반화를 제공할 수 있고, 물론 구체적인 증거를 통해 이를 검증할 수 있다. 이는 진정으로 축하할 일이다!

비계 설정 기술은 일반화를 작성할 때 품질 관리 역할을 한다. 교육과정 개발에 노력과 자원을 투입하면서 최종 결과물이 우수성을 나타내고 지원한다는 확신을 원하지 않는가! 비계는 3단계 일반화에서 요구되는 보다 도전적인 사고를 할 준비가 된 것으로 보이는 학생을 위해 수업을 차별화하는 방법이기도 하다. 이제 단원 설계 5단계로 넘어갈 준비가 되었다.

📖 5단계: 안내 질문 작성

　단원의 일반화를 모두 작성하였다면 일반화를 발견하기 위한 학생의 사고를 안내하는 데 사용할 질문하기(questioning) 방법을 계획할 차례이다. 안내 질문(Guiding questions)은 각 단원의 일반화에 대하여 작성된다. 우리는 탐구 기반의 귀납적 교수를 통해 학생이 다양한 예시, 모델링 및 질문하기로 생각(일반화)에 대한 이해를 더 잘 구성할 수 있도록 요구한다.

> 안내 질문은 각 단원의 일반화에 대하여 작성된다.

　퍼킨스(Perkins, 2009, p. 139)는 '교수-학습 경험의 극히 일부만이 전략적 차원에 대한 명확한 관심을 포함한다'라고 말한다. 사실, 과정, 과제 등의 뒤에 숨겨진 이해, 즉 일반화를 발견하고 설명하는 것은 모든 교실에서 일반적인 관행은 아니다.

　전략적인 질문하기는 개념 기반 수업에서 사용되는 중요한 수업 기법이다. 교육에 종사하는 우리 대부분은 다양한 유형의 질문의 중요성과 수업에서 질문을 언제 사용해야 하는지에 대해 배우지 못했다. 교육과정 단원에 다양한 안내 질문을 포함하는 것은 수업 자원으로서의 역할을 할 뿐만 아니라 교사가 생성할 수 있는 추가 질문에 대한 출발점이다.

> 안내 질문은 학습 경험과 더 깊은 이해 사이의 다리 역할을 한다.

　에릭슨(2007; 2008)은 교수·학습 과정에서의 질문하기를 설명한다. 안내 질문은 개념 기반 교육과정에서 학습 경험과 더 깊은 이해 사이의 다리 역할을 한다. 질문은 학생이 지식의 패턴을 알아차리는 데 도움이 된다.

> 질문은 학생이 지식의 패턴을 알아차리는 데 도움이 된다.

　질문은 제시된 정보의 단순한 반복보다는 학습자의 능동적이고 지적인 참여를 촉진하므로 동기부여 도구이다. 안내 질문은 각 단원의 일반화에 대하여 명확한 목적을 위해 작성된다. 질문은 연구 중인 일반화와의 정렬(alignment)을 통해 일반화를 목표로 삼는다. 크고 광범위한 질문은 여러 방향에서 학생의 마음을 사로잡을 수 있다. 좋은 안내 질문은 생각과 토의의 집중도를 유지한다.

이를 잘 수행하기 위해 에릭슨(2007; 2008)은 질문 유형인 사실적(factual), 개념적 (conceptual), 논쟁적(provocative) 질문을 구별하는 방법을 이해해야 한다고 설명한 다. 개념 기반 단원에서는 이 세 가지 유형이 모두 중요하다. 다음은 언어 교과 단원에 서 일반화를 풀어 내기 위해 작성될 수 있는 질문의 예시이다.

일반화: 고유한 특성은 한 인물을 다른 인물과 구별한다.

사실적 질문:
- 사실적 질문은 지식의 기초가 있는지 확인하는 데 중요하다.
- 사실적 지식은 이해를 설명하는 증거를 제공한다.

앞의 일반화에 대한 사실적 질문의 예시는 다음과 같다.

인물의 특성이란 무엇인가?

책의 저자는 인물의 특성을 어떻게 전달하는가?

'신데렐라' 이야기에서 인물들의 특성에 대한 몇 가지 예는 무엇인가?

개념적 질문:
- 개방형(open-ended) 개념적 질문은 학생의 사고가 사실을 넘어서도록 요구한다.
- 개념적 질문에 대한 응답은 상황과 예를 통해 전이할 수 있는 이해를 반영한다.
- 개념적 질문은 일반화와 유사하다. 고유 명사, 과거 시제 또는 피동사(passive verbs), 대명사 등이 있으면 안 된다.

앞의 일반화에 대한 개념적 질문의 예시는 다음과 같다.

작가는 어떻게 인물을 그럴듯하게 만드는가?

인물의 특성은 독자가 인물을 식별하는 데 어떻게 도움이 되는가?

인물의 특성은 독자가 이야기를 더 잘 이해하는 데 어떻게 도움이 되는가?

논쟁적 질문:
- 논쟁적 질문은 훌륭한 논쟁을 유발한다.

- 옳고 그른 답은 없지만 이러한 질문은 학생들이 서로의 관점을 경청하며 계속해서 흥미롭게 학습하고 고정관념에서 벗어나 생각하도록 한다.
- 단원에는 2~4개의 논쟁적 질문이 있을 수 있지만 풍부한 토론을 할 시간이 없을 정도로 많은 것은 아니다.

앞의 일반화에 대한 논쟁적 질문의 예시는 다음과 같다.

신데렐라의 성격이 바뀌면 이야기가 어떻게 달라질 것 같은가? (논쟁적 질문에는 고유 명사와 대명사가 사용될 수 있으나 반드시 그럴 필요는 없다.)

이러한 질문의 전략적인 사용은 학습자가 수업이 너무 빠르거나 양이 많다는 이유로 힘들지 않도록 해 준다. 진 슈메이커와 래리 르윈(Jean Shoemaker & Larry Lewin, 1993, p. 55)은 개념 기반 교수에서 질문의 역할을 다음과 같이 설명한다.

이러한 질문은 단원의 구조를 제공하고 매일 행해지는 활동과 주된 개념 사이를 명확하게 연결하기 위해 단원이 진행되는 동안 교실에 게시된다. 또한 질문은 학생이 답을 찾아갈 때 지식을 단지 소비하는 것이 아니라 생산하도록 한다. 그리고 개인은 질문에 대한 답과 의미를 구성하면서 지식의 주관성을 자연스럽게 이해하게 된다.

학생은 핵심 질문에 대해 학생 각자에게 의미가 있지만 그럴듯한 답변을 구성하여 개념적 이해를 보여 준다. 학생의 답변은 개별 면담, 그래픽 표현(예: 모형 및 개념 지도) 창작, 은유적인 이미지 생성, 작문 시험까지 물론 포함하여 다양한 형태로 표현될 수 있다.

일반화 및 안내 질문의 예시는 〈표 6-3〉에서 찾을 수 있다. 이 예시는 개념 기반 단원에서 안내 질문의 역할을 더 잘 이해하는 데 도움이 될 것이다.

〈표 6-3〉　개념 기반 언어 교과 단원의 일반화 및 안내 질문 예시

학년 수준: 3 **단원명: 추리소설? 미스터리(Mysteries) 읽고 풀기**	
일반화	**안내 질문** (F = 사실적, C = 개념적, P = 논쟁적)
1. 저자는 추리소설에서 긴 장감을 높이거나 문제를 해결하기 위해 단서를 사용한다.	1a. 해결책을 예측하는 데 도움이 된 단서는 무엇인가요? (F) 1b. 배경이 추리소설의 분위기에 어떤 영향을 미쳤나요? (F) 1c. 작가는 긴장감을 어떻게 높이나요? (C) 1d. 미스터리를 푸는 데 단서가 중요한 이유는 무엇인가요? (C) 1e. 긴장감 없는 추리소설이 존재할 수 있나요? (P)
2. 독자는 미스터리를 풀기 위해 단서를 찾아내고 연결한다.	2a. 추론이란 무엇인가요? (F) 2b. 독자는 단서를 어떻게 찾아내나요? (C) 2c. 예측은 추론과 어떻게 다른가요? (C) 2d. 독자는 텍스트 속 단서들을 어떻게 연결하나요? 그러지 않으면 어떻게 될까요? (C)
3. 독자는 예측을 확인하거나 수정하기 위해 텍스트에서 관련 정보를 수집한다.	3a. 관련 정보란 무엇인가요? (F) 3b. 독자는 관련 정보와 관련 정보가 아닌 것을 어떻게 구분하나요? (C) 3c. 예측을 수정하는 것은 왜 중요한가요? (C)
4. 다른 사람의 생각에 대한 정중한 고려는 새로운 통찰력을 제공하고 사고를 확장한다.	4a. 존중하는 대화는 어떤 모습인가요? 어떻게 들리나요? (F) 4b. 다른 사람의 생각이 존중되지 않으면 어떻게 되나요? (C) 4c. 우리는 항상 다른 사람의 생각을 받아들여야 하나요? (P) 4d. 다른 사람의 생각을 고려하는 것이 문제 해결에 어떤 도움이 될 수 있나요? (P)
5. 추리소설은 공통된 요소를 공유하지만 고유한 특성도 포함한다.	5a. 추리소설의 구성 요소는 무엇인가요? (F) 5b. 여러분이 읽고 있는 추리소설의 특징은 다른 추리소설과 어떤 유사점과 차이점이 있나요? (F) 5c. 추리소설은 왜 이렇게 인기가 많을까요? (P) 5d. 해결 방법이 그토록 만족스러운 이유는 무엇인가요? (P)
6. 추리소설 속의 인물에는 용의자, 형사, 수사관, 조수, 증인, 조사관, 악당, 피해자, 범죄자, 공범 등이 포함될 수 있다.	6a. 용의자, 형사, 탐정 등은 어떻게 정의하나요? (F) 6b. 추리소설에 필수적인 등장인물은 무엇인가요? 왜 그렇게 생각하나요? (F) 6c. 다양한 등장인물이 추리소설에 어떻게 기여하나요? (C)

저자: Mary Blair, Middle Gate School; Lynn Holcomb, Hawley School; Becky Virgalla, Sandy Hook School; and Eileen Tabasko, Head O'Meadow School

출처: Newtown Public Schools, Newtown, CT.

5단계 요약

전략적인 질문하기는 그때그때 뒷주머니에서 질문지를 꺼내는 것 이상을 의미한다. 교육과정 작성자는 일반화를 향한 귀납적 교수를 가장 잘 지원하는 안내 질문의 유형을 충분히 고려한다. 교사가 단원 내에서 세 가지 유형의 질문에 대한 예시를 전략적으로 개발하는 데 시간을 투자한다면 학생의 사고를 활성화하고 지도하기 위한 팁을 얻을 수 있다. 다양한 유형의 안내 질문을 신중히 구분하지 않으면 문제가 발생할 수 있다. 그중 한 가지는 수업 중 질문이 지나치게 사실에 기반하며 오로지 텍스트나 절차에 관한 것이 되어버리는 것이다. 또 다른 문제는 개념적 이해를 강조하고 싶은 나머지 학생에게 제시하는 모든 질문이 개념적일 때 발생한다. 학생은 개념적 이해에 관한 구체적인 증거를 인용하기 위해 사실적인 정보를 어느 정도 알아야 한다.

안내 질문은 외우고 따라야 하는 대본이 아니다. 안내 질문은 교사가 학생의 생각을 발전시켜 이해로 이끄는 수단을 제공한다. 질문은 강력한 교수 기법이다. 학생의 사고가 더 많이 공개되면 교사는 학생이 중요한 일반화를 잘 알아차리고 있는지 더 잘 평가할 수 있다. 안내 질문 유형 간 균형을 맞추면 오개념을 발견하고 학생의 사고를 확장하는 데 도움이 된다.

> 안내 질문은 외우고 따라야 하는 대본이 아니다.

제7장에서는 단원 개발의 다음 단계를 설명한다. 단원이 끝날 때까지 학생이 알아야 할 중요한 내용(critical content)과 학생이 시연할 수 있어야 하는 핵심 기능(key skills)을 파악하는 방법이다.

> 몇 개나 맞혔는가?

💡 **일반화 퀴즈 정답**(p. 114 참조)

1. 이 진술은 훌륭한 일반화이다. 이 진술은 모든 역사 소설 작문에 적용되는 명확하고 중요한 진술이다. 5학년 학생들은 학습 경험과 교사의 시범 및 질문을 통해 이 일반화에 도달하게 된다면 이 장르가 어떻게 구성되는지 더 잘 이해하고 감상하게 될 것이다. 또한 학생들은 현재와 미래의 역사 소설 작품을 비평할 때 이러한 이해를 활용할 것이다.

2. 이 진술은 질 좋은 일반화가 아니다. 왜 그럴까? 이 진술은 가치 진술이다. 우리가 이를 믿고 그것이 사실이기를 원할지라도 이 진술은 적절한 일반화로서의 자격이 없다.

3. 이것은 no-no 동사인 '영향을 준다'를 사용하기 때문에 강력한 일반화로 볼 수 없다. 이 장의 후반에서 이 문제를 해결하는 방법을 배우게 된다.

4. 이 일반화는 양질의 일반화로 볼 수 있다! 제시된 아이디어는 중요하며 수식어 '~할 수 있다'는 모든 상황에서 사실이 아닐 수도 있다는 인식을 나타낸다.

5. 이 또한 훌륭한 일반화가 맞다! 이 진술은 유치원 수준에서 중요한 이해이며 학년에 적합한 표현을 사용하는 방식으로 작성되었다.

제**7**장
교육과정 설계하기: 6단계와 7단계

단원 설계의 6단계와 7단계에는 학생이 알게 될 중요한 내용(critical content)과 학생이 수행할 수 있게 될 핵심 기능(key skills)이라는 양질의 개념 기반 교육과정의 두 가지 필수 구성 요소가 추가로 포함되어 있다.

수년 동안 교육과정과 수업의 주요 원동력이었던 사실과 기능이 개념 기반 교육과정 설계에서 무시된다고 생각하는 것은 오산이다. 개념 기반 설계의 묘미는 교육과정 작성자가 이 단계에 이르렀을 때 학

> 중요한 내용이란 학생이 알아야 할 내용이다.

> 핵심 기능이란 학생이 수행할 수 있는 일이다.

생이 단원이 끝날 때까지 발견할 것으로 기대되는 개념적 이해(일반화)에 대해 이미 오랫동안 열심히 생각해 왔다는 점이다. 개념적 이해에 대한 기대치를 명확하게 표현하는 것이 최우선 과제일 때 학습 단원의 중요한 내용과 핵심 기능을 식별하는 데 있어 정보에 입각한 결정을 내릴 수 있다.

이 장을 읽으면서 83쪽에 있는 설계 양식의 일부분을 사용할 수 있다.

6단계: 중요한 내용 결정하기

6단계에서는 교육과정 작성팀에서 단원이 끝날 때까지 학생이 반드시 알아야 할

내용을 생각해 본다. 학생이 **알아야 할** 내용은 학습 단원과 관련된 중요하고 사실적인 내용(또는 지식)으로 정의된다.

지금까지 살펴본 교육과정의 모든 구성 요소(단원명, 단원 그물 및 일반화)를 검토하면 해당 단원의 중요한 지식을 파악할 수 있는 탄탄한 발판이 마련된다.

다음은 여러분에게 도움이 될 몇 가지 고려 사항이다.

1. 단원의 중요한 내용에는 그물에 나열된 하위 주제 및 개념 중 일부가 자연스럽게 포함된다. 예를 들어, '셰익스피어의 여러 작품들'이라는 제목의 단원에서 교사가 단원이 끝날 때까지 학생이 알기를 바라는 중요한 내용은 단원 그물에 하위 주제로 나열된 특정 작품의 이름(예: 〈템페스트〉, 〈로미오와 줄리엣〉, 〈햄릿〉)이 될 수 있다.

> 학생이 알아야 할 내용은 학습 단원과 관련된 중요하고 사실적인 내용(또는 지식)이다.

2. 단원 그물에서 도출한 중요한 내용에는 학습 중인 특정 장르와 관련된 어휘가 포함될 수 있다. '범죄 해결사: 추리소설의 요소 이해하기'라는 제목의 초등 단원에서는 용의자, 피해자, 형사, 거짓 단서 등과 같은 추리소설과 관련된 어휘가 단원 그물에서 도출한 중요한 내용에 포함될 수 있다. 이러한 용어는 단원 그물에 개념으로 포함되어 있지만 이를 학생이 추리소설의 여러 등장인물에 관한 추상적인 개념으로 여기기 전 사실적 정의를 먼저 알아야 한다.

3. 학생이 이해하고 개념적 이해의 증거로 사용해야 할 특정 어휘를 고려한다. 예를 들어, '작가는 청중에게 적합한 목소리를 선택한다'라는 일반화를 생각해 보자. 학생들은 목소리, 어조 및 분위기의 의미를 알아야 한다. 또한 어조와 분위기가 어떻게 다른지, 청중의 기대치가 어떻게 다른지도 알아야 한다. 이러한 사실적 지식은 일반화로 표현된 아이디어를 이해하고, 설명하고, 예를 제공하는 데 필요하다.

　　필수는 아니지만 단원 그물의 네 가지 스트랜드(텍스트 이해하기, 텍스트에 반응하기, 텍스트 비평하기, 텍스트 생산하기) 각각에서 중요한 내용을 식별하여 누락되지 않도록 하고 언어의 중요한 스트랜드를 가로질러 단원의 균형을 이룰 것을 권장한다. 이 방법의 예시는 [그림 7-1]에서 찾을 수 있다.

　　주의 사항　　중요한 내용 지식을 나열하려고 할 때 일반화를 추가하려고 하는 실수가 흔히 발생한다. [그림 7-1]에서 볼 수 있듯이 중요한 내용에는 글머리 기호만 표시하면 된다. 일을 제대로 하려다 보니 필요 이상으로 더 어렵게 만드는 경향이 있다!

중요한 내용
학생들은 ~을/를 알 것이다.

텍스트 이해하기:
• 회고록의 텍스트 구조
• 작가의 목적
• 주요 어휘(말하지 않고 보여 주기, 마음 끌어당기기, 돌아 보기, 간단히 묘사하기)

텍스트에 반응하기:
• 독자 연결
• 그룹 담화 행동
• 개인적 성찰의 의미
• 독자 반응의 자질

텍스트 비평하기:
• 작가의 기법(단어 선택, 문학적 장치, 문장 유창성)
• 작가의 목적
• 텍스트 구조
• 비평적 입장의 의미와 기준

텍스트 생산하기:
• 아이디어 생성 과정
• 글쓰기 과정
• 문장 유창성의 의미

〈계속〉

- 다양한 유형의 문장 구조
- 쓰기 규범(writing conventions)
- '변형'의 의미(마음 끌어당기기)
- 동료 회의 절차
- 구체적인 글쓰기 기법(단어 선택, 대화, 감각적 묘사, 문학적 장치, 문장 유창성)

[그림 7-1] 스트랜드별로 분류한 중요한 내용

출처: Grade 6 English Language Arts Curriculum, Memoir Unit, Newtown Public Schools, Newtown, CT.

7단계: 핵심 기능 결정하기

교육과정 단원의 이 영역은 '기능' 영역으로 간주되지만 기능이라는 용어의 사용이 다소 망설여진다. 기능이라는 용어는 더 높은 수준의 추상화가 필요한지 일상적인 회상이 필요한지 그 여부랑 관계없이 모든 행위를 설명하는 데 자주 사용되기 때문이다. 이 책에서는 핵심 기능을 창의적이고 의도적인 표현으로서 언어를 이해하고 사용하는 수단을 제공하는 모든 과정, 전략 및 기능(추상화 수준에 따른)으로 간주한다.

또 다른 주의 사항　교육과정 단원의 이 구성 요소에 나열된 핵심 기능이 학생이 보여 주어야 할 모든 유한한 기능을 묘사하면 안 된다.

국가공통핵심기준(CCSS)은 21세기의 대학 및 직업에서 요구하는 문해력에 대비하기 위해 학생이 보여 줄 수 있어야 하는 것을 학년별로 식별한다. 이러한 기대치 또는 충족해야 하는 또 다른 성취기준의 기대치와 교육과정 작성자가 해당 학습 단원에서 중요하다고 판단한 기대치가 단원의

> 핵심 기능은 창의적이고 의도적인 표현으로서 언어를 이해하고 사용하는 수단을 제공하는 모든 과정, 전략 및 기술(추상화 수준에 따른)이다.

핵심 기능을 구성한다.

국가공통핵심기준의 학년별 성취기준은 여기서 큰 도움이 된다. 이 표준은 여러 하위 수준의 기능을 보다 엄격하고 복잡한 역량으로 통합하는 경우가 많다. 예를 들어, 4학년 Common Core Reading(CCR) 문학 성취기준 9는 다음과 같이 명시하고 있다.

다양한 문화의 이야기, 신화, 전통 문학에서 유사한 주제와 주제(예: 선과 악의 대립) 및 사건의 패턴(예: 퀘스트)을 어떻게 다루고 있는지 비교하고 대조한다 (Common Core Standards Initiative, 2010, p. 12).

하나의 성취기준에 포함된 독립된 기능들이 전부 보이는가? 이들을 일일이 나열하려면 현재의 간결한 Common Core보다 훨씬 더 큰 문서가 될 것이다. 이 성취기준들은 통합된 기능 수업을 부분적으로나마 장려하기 위해 이러한 방식으로 작성되었다. 이 문서는 성취기준이 어떻게 구성되어 있는지 다음과 같이 설명하는 것으로 시작한다.

학생은 학년이 올라가면서 매년 학년별 성취기준을 충족하고, 이전 학년에서 습득한 기능과 이해를 유지 또는 더욱 발전시키며, CCR 성취기준에 설명된 보다 일반적인 기대치를 충족하기 위해 꾸준히 노력해야 한다(Common Core State Standards Initiative, 2010, p. 4).

이러한 나선형 구성은 교육과정 작성자에게 국가공통핵심기준을 매우 유용하게 만든다. 예전에는 언어 교과에 대한 주(state) 성취기준이 학년 전체에 걸쳐 기능의 기대치를 그대로 반복하는 경우가 많았다. 그래서 교육과정 작성자가 한 학년에서 다음 학년으로 기능이 어떻게 복잡해지는지 파악하기 어려웠다. 국가공통핵심기준을 충족시킬 책임이 있는 모든 교사는 역량 개발에서 기대되는 진척을 볼 수 있으려면 문서 전체를 숙지하여야 한다.

학년별 교육과정 작성팀이 각 단원에서 다루어야 할 핵심 기능에 대하여 결정을 내릴 때 국가공통핵심기준은 그 작업을 안내하는 명확한 지도의 역할을 할 수 있다. 국가공통핵심기준 문서에서 묘사된 기능을 '끄집어' 낼 수 있다면 말을 새롭게 만들어 낼 필요가 없다.

[그림 7-2]에서는 6학년 단원에 포함된 핵심 기능의 예시를 확인할 수 있다.

핵심 기능

텍스트 이해하기

CC.6.R.L.2
- 핵심 아이디어 및 세부 사항: 텍스트의 주제 또는 중심 아이디어와 특정 세부 사항을 통해 전달되는 방식을 결정하고, 개인적인 의견이나 판단과는 별개로 텍스트의 요약을 제공한다.

CC.6.R.L.3
- 핵심 아이디어 및 세부 사항: 특정 이야기 또는 드라마의 줄거리가 일련의 에피소드에서 어떻게 전개되는지, 줄거리가 해결을 향해 나아감에 따라 인물이 어떻게 반응하거나 변화하는지 설명한다.

CC.6.R.L.6
- 기법 및 구조: 작가가 텍스트에서 서술자 또는 화자의 관점을 어떻게 전개하는지 설명한다.

텍스트에 반응하기

CC.6.R.L.1
- 핵심 아이디어 및 세부 사항: 텍스트가 명시적으로 말하는 내용과 텍스트에서 도출한 추론에 대한 분석을 뒷받침하는 텍스트 증거를 인용한다.

CC.6.SL.1
- 이해 및 협업: 다양한 파트너와 함께 6학년 주제와 텍스트 및 쟁점에 대한 여러 가지 협력 토론(일대일, 그룹, 교사 주도)에 효과적으로 참여하여 다른 사람의 아이디어를 기반으로 자신의 생각을 명확하게 표현한다.

CC.6.SL.1.a
- 이해 및 협업: 필요한 자료를 읽거나 공부한 후 준비된 상태로 토론에 임하고, 주제나 텍스트 또는 쟁점에 대한 증거를 참고하기 위하여 토론 중인 아이디어를 조사하고 반영함으로써 준비된 내용을 명시적으로 활용한다.

CC.6.SL.1.b
- 이해 및 협업: 공동 토론 규칙을 따르고, 구체적인 목표와 마감일을 정하며 필요에 따라 개인의 역할을 정의한다.

CC.6.SL.1.c
- 이해 및 협업: 토론 중인 주제나 텍스트 또는 이슈에 기여하는 의견을 제시하여 정교하고 세부적으로 특정 질문을 제기하고 이에 응답한다.

CC.6.SL.1.d
- 이해 및 협업: 표현된 핵심 아이디어를 검토하고 성찰과 의역을 통해 다양한 관점에 대한 이해를 나타낸다.

〈계속〉

텍스트 비평하기:

CC.6.R.L.5

- 기법 및 구조: 특정 문장, 장(chapter), 장면 또는 스탠자(stanza)가 텍스트의 전체 구조에 어떻게 들어맞고 주제, 배경 또는 줄거리의 전개에 어떻게 기여하는지 분석한다.

CC.6.R.L.4

- 기법 및 구조: 비유적 의미와 함축적 의미를 포함하여 텍스트에서 사용되는 단어와 구의 의미를 파악하고, 특정 단어 선택이 의미와 어조에 미치는 영향을 분석한다.

텍스트 생산하기:

CC.6.L.3.a

- 언어에 대한 지식: 아이디어를 정확하고 간결하게 표현하는 말을 선택하고 장황함과 중복성을 인식하여 제거한다.

CC.6.L.3.b

- 언어에 대한 지식: 스타일과 어조의 일관성을 유지한다.

CC.6.L.5

- 어휘 습득 및 사용: 비유적 언어, 단어 관계 및 단어 의미의 뉘앙스에 대한 이해를 나타낸다.

CC.6.W.4

- 글의 작성 및 배포: 과제, 목적 및 청중에 적합한 전개, 구성 및 스타일을 갖춘 명확하고 일관된 글을 작성한다.

CC.6.W.5

- 글의 작성 및 배포: 또래와 어른의 지도와 지원을 받아 필요에 따라 작문을 계획, 수정, 편집, 재작성 또는 새로운 접근 방식을 시도하여 글을 발전시키고 보강한다.

CC.6.W.2

- 글을 쓸 때 표준 영어 대문자 사용, 구두점 및 철자 규칙을 준수하는 것을 보여 준다.
- A. 구두점(쉼표, 괄호, 대시)을 사용하여 제한되지 않는 요소를 구분한다.
- B. 철자를 정확하게 입력한다.

CC.6.W.3

- 쓰기, 말하기, 읽기, 듣기를 할 때 언어와 그 규칙에 대한 지식을 활용한다.
- A. 의미, 독자/청자의 흥미, 스타일에 따라 문장 패턴을 다양하게 구사한다.
- B. 스타일과 어조에서 일관성을 유지한다.

[그림 7-2] **스트랜드별로 정리된 핵심 기능**

출처: Grade 6 English Language Arts Curriculum, Memoir Unit, Newtown Public Schools, Newtown, CT.

[그림 7-2]의 예시에서 볼 수 있듯이 핵심 기능은 또다시 단원 그물의 스트랜드를 기준으로 식별된다. 모든 지역에서 이 형식을 고집하는 것은 아니지만 국어 능력의 일부 차원이 소홀히 다루어지지 않도록 하는 데 유용한 방법이라고 생각된다. 교육 과정 작성 과정에 더 많은 '품질 관리' 확인 지표가 포함될수록 최종 결과물은 더 강력해질 것이다.

교육과정 작성자는 성취기준이 학년말 기대치를 명확하게 표현한다는 점도 기억 해야 한다. 연중 시기와 학습 중인 단원 내용에 '가장 적합하게' 단원에 성취기준을 분배하는 방법에 관하여 결정을 내려야 한다. 동시에 일부 성취기준은 그 학년의 모든 단원에 포함되어야 할 수도 있다.

주의 사항 국가공통핵심기준은 대학 진학 및 취직을 위해 준비된 문해력 있 는 개인의 기준을 충족하는 과정에서 학생이 입증해야 하는 많은 역량을 식별한다. 하지만 학습 단원 수준 교육과정은 나열된 성취기준에서 다소 벗어날 수 있다. 이 러한 연유로 교육과정을 작성할 때 지역 교사의 전문성을 갖추는 것이 중요하다. Common Core 문서도 이 점을 다루고 있다.

성취기준은 가장 필수적인 것에 초점을 맞추고 있지만 가르칠 수 있거나 가르쳐야 하는 모든 것을 설명하지는 않는다. 많은 부분이 교사와 교육과정 개발자의 재량에 맡겨져 있다. 성취기준의 목적은 기본 사항을 명확히 하는 것이지 여기에 명시된 것 이 상으로 가르칠 수 있는 것을 한정하는 포괄적인 목록이나 일련의 제한 사항을 제시하 는 것이 아니다(Common Core State Standards Initiative, 2010, p. 6).

또한 이 문서에는 성취기준을 충족하기 위해 학생에게 필요할 수 있는 학습 지원은 포함되어 있지 않음을 분명히 한다.

이 성취기준은 학년별 표준을 설정하지만 학년 수준의 기대치보다 훨씬 낮거나 높 은 학생을 지원하는 데 필요한 개입 방법이나 자료를 정의하지 않는다. 어떤 학년별 성취기준도 교실에 있는 학생의 능력, 필요, 학습 속도 및 성취 수준의 다양한 차이를 완전히 반영할 수는 없다. 그러나 성취기준은 모든 학생의 대학 및 취업 준비라는 목표에 이르는 과정에서 명확한 이정표를 제공한다(Common Core State Standards Initiative, 2010, p. 6).

    교육과정 작성자는 때로 더 복잡하고 높은 수준의 추상화가 필요한 성취기준을 세분화할 수 있다. 성취기준 속 정보를 잘게 쪼개어서 단원 수준 교육과정에 설명하는 것은 문해력 학습에서 뒤처지는 학생을 가장 효과적으로 다루는 방법을 교사에게 알려준다. 예를 들어,『어려움을 겪는 독자를 위한 네 가지 강력한 이해 전략』(Lanning, 2009)에서 이해 과정(comprehension process)은 모든 능숙한 독자가 사용하는 네 가지 전략으로 세분된다. 각각의 필수 이해 전략은 텍스트가 정교하고 복잡해짐에 따라 달성되기 위한 시간과 정신적 노력이 필요하다. 유능한 독자들은 이것을 알아내지만 독해력에 어려움을 겪는 학생들은 그렇지 않다. 이 책에는 네 가지 이해 전략의 기초가 되는 여러 기능과 어려움을 겪고 있는 학생들이 더욱 추상적인 전략과 직접적으로 연결되는 것을 깨닫는 데 필요한 기능이 나열되어 있다. 이 정보를 단원에 추가하거나 전문 자원을 참조하면 이전에 논의한 것처럼 교사가 과도하게 하지 않으면서도 필수 이해 전략을 지원하는 기능을 더 잘 인식하는 데 도움이 될 수 있다.

    데이비드 퍼킨스(David Perkins) 등의 연구를 바탕으로 한『어려움을 겪는 독자를 위한 네 가지 강력한 이해 전략』(Lanning, 2009)에서는 수업이 학습의 원거리 전이(far transfer)를 달성할 수 있다고 가정할 때 어려움을 겪는 학생이 어떻게 압도당하는지도 설명한다. 원거리 전이란 두 학습 상황 간의 연결감(sense of connection)이 더 깊은 사고, 지식, 이해 및 신중한 분석을 요구할 때 한 맥락에서 다른 맥락으로 학습을 전이하려는 시도를 말한다. 예를 들어, '추론' 전략은 높은 수준의 추상화를 요구한다. 추론의 개념과 추론하는 동안 독자가 생각하고 수행해야 하는 모든 것(기능)을 이해하는 데 초점을 맞춘 수업은 전이를 진행하고 필요한 성취기준을 향하여 학생이 읽기를 지속하는 데 필요한 지원을 제공한다.

    모든 단원 수준 교육과정에 나열된 역량이 개념적 이해와 전이가 필요한 고차원적 사고를 나타내는 것은 아니다. 많은 기능이 언어 교과 수업에서 잦은 빈도로 연습되고 과제는 학습 상황마다 지각적으로 매우 유사하므로 전이는 문제가 되지 않는다. 예를 들어, 고유 명사 대문자 쓰기, 이야기의 주인공 식별하기, 편지 인사말과 맺음말에 쉼표 사용하기, 자동으로 해독 가능한 단어 읽기 등의 기능은 정기적인 연습을 통해 일상이 되며 전이에는 문제가 없는 편이다. 이러한 기능은 높은 수준의 추상화를 요구하지 않으며 상황이나 텍스트를 걸쳐 본질적으로 일관된다.

6단계와 7단계 요약

단원 수준 교육과정의 핵심 기능 영역에 나열된 모든 국가공통핵심기준은 직접 가르치고 학생으로 하여금 연습할 수 있도록 해야 한다. 그러나 어떤 성취기준은 더 정교한, 특히 텍스트가 더 복잡해짐에 따라 더 높은 수준의 추상화와 의식적인 인지 처리가 필요하다. 전이를 지원하기 위해서는 모든 학생이 성취기준의 기초 기능과 개념을 이해하도록 교육하여 "학생이 학년을 올라가면서 읽기, 쓰기, 말하기, 듣기 및 언어(language)의 성취기준을 완전히 익힘에 따라 이러한 문해력 있는 개인의 능력을 점점 더 완전하고 규칙적으로 발휘할 수 있도록" 해야 한다(Common Core State Standards Initiative, 2010, p. 7).

피해야 할 사항에 대한 간략한 검토

1. 단원 수준 교육과정에 핵심 기능을 나열할 때 해당 역량으로 이어질 학습 경험이나 수업 활동에 대해 작성하지 않는다. 간혹 교육과정 작성자가 교육과정의 역량 구성 요소에 학습 경험을 잘못 포함하는 경우가 있다. 예를 들어, '학생들은 '신데렐라' 이야기의 사건 순서를 보여 주는 그래픽 조직자를 완성할 것이다'는 활동에 해당하며 기능이 아니다. 그래픽 조직자를 완성하는 것은 교사가 '이야기의 사건 순서 배열하기' 기능을 가르치기 위해 사용되는 수단일 수 있지만, 학습 경험은 단원 수준 교육과정의 별개의 영역에 포함된다. 기능은 여러 응용 분야와 맥락에 걸쳐 적용되어야 하므로 특정 텍스트(또는 주제)나 수업 활동과 연계되지

않도록 작성한다.

2. 교육과정 단원에서 식별된 핵심 기능이 별개 기능들의 전체 목록이 되지 않도록 한다. 교육과정 작성자는 '풀어 내기(unpacking)'가 필요한 성취기준에 얼마나 많은 세부 사항을 추가할지 신중하게 선택해야 하며 그렇지 않으면 다루기 힘들어지고 비실용적인 문서가 될 수 있다. 종종 더 복잡한 성취기준에 대한 자세한 설명과 교육적 지원을 제공하는 학습 자원의 제목을 나열하는 것이 해결책이 될 수 있다. 예를 들어, Common Core Language Standard 2(K-12학년)인 "글을 쓸 때 표준 영어 대문자 사용, 구두점 및 철자 규칙을 준수하는 것을 보여 준다"(Common Core State Standards Initiative, 2010, p. 26, 28, 52, 54)가 있다. 단원 수준 교육과정에서는 이 성취기준에 명시된 모든 기능과 암시된 기능을 나열하는 대신 성취기준의 기대치에 부합하는 지역의 자원을 참조할 수 있다[예: 4학년에서 기대되는 『Words Their Way』(책 시리즈 제목)의 맞춤법 역량 시연하기].

3. 중요한 내용(critical content) 지식을 나열할 때 일반화를 추가 작성하지 않는다. 중요한 내용은 글머리 기호로 표시하면 된다.

제8장에서는 단원의 중간 부분을 완성하러 돌아가기 전에 교육과정 작성 과정을 단원의 끝부분으로 이동시킨다. 이 단원은 학생이 수업의 결과로서 이해하고, 알고, 수행할 수 있는 모든 것을 보여 주기 위해 완료해야 할 최종 과제(culminating task)의 설계를 지시하는 데 도움 되는 강력한 틀을 갖출 수 있게 되었다.

제**8**장
교육과정 설계하기:
8, 9, 10단계

개념 기반 교육과정 단원을 작성하는 이 시점에서는 평가에 주목한다. 학습 단원이 끝나면 교사는 단원 마무리(end-of-unit) 평가를 통해 학생이 기대되는 이해와 지식, 핵심 기능을 달성했는지 확인하는 데 필요한 증거를 확보할 수 있다.

8단계에서는 최종 평가(culminating assessment)를 설계한다. 9단계에서는 학생들이 단원 마무리 과제에 대비할 수 있도록 수업의 속도와 구조를 어떻게 구성할지 고려한다. 마지막으로 10단계에서는 교사가 학생에게 단원을 소개할 때 지침이 될 매력적인 단원 개요(unit overview)를 작성한다.

8단계와 9단계에서는 85쪽, 84쪽, 80쪽에 각각 표시된 계획 양식의 일부분을 사용할 수 있다.

🏫 8단계: 최종 평가 설계하기

양질의 평가를 작성하려면 생각과 협력이 필요하다. 국가공통핵심기준(CCSS)은 수행 평가 과제에 대해 제안을 한다. 이러한 성취기준은 과제가 지나치게 제한되거나 맥락에서 벗어나지 않도록 여러 성취기준을 통합하는 수업과 평가를 설계하는 데 도움이 된다.

종종 하나의 풍부한 과제로 여러 성취기준을 다룰 수 있다. 예를 들어, 작문을 편집할 때 학생은 쓰기 성취기준 5('계획, 수정, 편집, 다시 쓰기 또는 새로운 접근 방식을 시도함으로써 필요에 따라 작문을 개발하고 강화한다')와 표준 국어의 규칙 및 언어 지식을 다루는 언어 성취기준 1부터 3까지를 고려한다. 쓰기 성취기준 9에 따라 문학 및 정보 텍스트에서 증거를 도출할 때 학생은 읽기의 특정 표준과 관련된 이해력도 입증한다. 학생은 읽거나 쓴 내용을 토론할 때 말하기와 듣기 능력도 발휘한다. 고정된 CCR 성취기준 자체는 집중력과 일관성의 또 다른 자원을 제공한다(Common Core State Standards Initiative, 2010, p. 5).

거듭 강조하지만 에릭슨(2008)은 교육과정 작성자가 양질의 평가를 작성하는 데 도움이 되는 영리한 구조를 제시한다. "많은 수행 과제의 가장 큰 문제점은 깊은 이해가 너무 적거나 전혀 표현되지 않는다는 것이다. 이는 전통적인 교육과정 설계가 피상적인 수준의 주제와 사실만을 다루기 때문이라고 생각한다"(Erickson, 2008, p. 98). [그림 8-1]에 제시된 그녀가 추천하는 구조를 따르면 이 단원의 최종 과제에서 깊은 이해를 평가할 수 있다.

WHAT(무엇을): 이 진술은 '**탐구하다**'와 같은 인지 동사를 포함하여 단원명과 직접 연결한다.

WHY(왜): …을 이해하기 위해 …
제목을 넘어 연구의 중요성 또는 의의까지 생각하여 이 진술을 완성하라. 중요한 것은 이 단원의 학습 결과로 학생이 입증할 수 있기를 바라는 일반화(이해)를 식별하는 것이다. 이 일반화는 최종 수행 과제와 직접적으로 연결된다.

HOW(어떻게): 학생이 '왜'로 시작하는 진술에 대한 이해를 어떻게 입증하기를 원하는지 틀을 짜고 개요를 설명하라. 이 단계는 매우 중요한 단계이다. 깊은 이해를 측정하고 싶다면 '무엇'으로 시작하는 진술에서 배운 사실이나 기술에 대한 지식만을 보여 주는 것이 아니라 '어떻게'가 '왜'를 입증해야 한다. 과제를 설명할 때 에릭슨(Erickson)은 일반화가 다루어지도록 보장하는 방법으로 앞 단계에서 식별된 일반화에서 표현을 선택할 것을 제안한다.

[그림 8-1A]　**단원 최종 수행 과제 작성 모델**

WHAT: ～을/를 탐구한다 (단원명 또는 주제)

_____

_____

_____

_____

_____

WHY: ～을/를 이해하기 위해 (영속적인 이해)

_____

_____

_____

_____

_____

HOW: (수행)

_____

_____

_____

_____

_____

[그림 8-1B]　**최종 수행 과제 양식**

출처: *From Stirring the Head, Heart, and Soul: Redefining Curriculum, Instruction, and Concept-Based Learning*, Third Edition (p. 99), by H. L. Erickson, 2008, Thousand Oaks, CA: Corwin. Reprinted with permission.

다음의 예시는 에릭슨(2008)의 평가 양식을 따르며 '권력의 도구로서의 언어'라는 제목의 국어 단원에 대한 최종 과제를 나타낸다.

무엇을: 언어가 발휘하는 힘을 탐구한다.

왜: 언어 능력이 자신이나 타인의 운명을 통제하는 능력을 억제하거나 강화할 수 있다는 것을 이해하기 위해서이다.

어떻게: 이 단원에서 언어의 힘을 드러내는 다양한 문학과 비문학 텍스트를 읽어 보았다. 이 단원에서 읽은 텍스트와 1993년부터 2004년까지 미국 언론 매체의 대부분을 소유한 기업의 수가 어떻게 50개에서 5개로 줄어들었는지를 보여 주는 기사(수업 시간에 배포)를 떠올려 봐라. 그리고 미디어의 언어를 통제하는 사람이 크게 줄어든 것을 긍정적인 상황으로 보는지 아니면 우려할 만한 일로 보는지에 대한 입장을 밝혀라. 작문에 입장을 뒷받침하는 구체적인 사례를 읽은 내용에서 인용해라.

앞의 과제가 학생이 '왜' 진술 속 일반화로 표현된 이해에 도달했는지의 여부를 어떻게 나타낼지 보이는가? 이 과제에서 평가하는 지식과 역량도 보이는가? 이 과제의 채점 가이드로 사용된 루브릭에는 학생의 이해 깊이와 단원에서 다루는 성취기준에 대한 학생의 진척 정도를 반영하는 기준이 포함된다. 루브릭과 기타 유형의 채점 가이드를 개발하는 데 사용 가능한 온라인 자원이 많이 있다.

여기서 주의할 점은 채점 가이드(scoring guide)에서 이해와 관련된 표준(criteria)이 누락되지 않았는지 확인하는 것이다! 채점 가이드는 기대하는 수준을 정확하게 설명하는 표현으로 작성하는 것이 중요하다. 채점 가이드의 표현이 모호하거나 부정적인 용어로 작성되는 경우가 너무 많다(학생의 과제에서 입증되지 않은 것과 입증된 것). 이는 학생에게 도움이 되지 않으며 채점하는 교사에게도 명확하지 않다. 다음은 최종 단원 과제 작성에 대한 몇 가지 결론이다.

> 여기서 주의할 점은 채점 가이드에서 이해와 관련된 표준이 누락되지 않았는지 확인하는 것이다!

1. 단원을 아우르는 일반화가 있는지 고려한다. 있다면 그 일반화는 최종 과제의 중점이 된다. 교육과정 작성자는 단원의 마지막 일반화를 최종 수행 과제에 사용하

거나 두 개의 단원 일반화(두 개 이상은 너무 많다)를 결합하기도 한다. 이는 교육 과정 작성자가 단원 전체를 고려한 후에 내려야 하는 결정이다.

2. 최종 평가는 학생의 학습 진도를 확인하는 유일한 시점이 아니다. 이 단원 전체에 걸쳐 교사는 다양한 유형의 평가(학생 답변, 에세이, 관찰, 수행, 자기 평가 등)를 사용하여 학생의 학습을 자세히 추적 관찰하고 피드백을 제공한다. 개념 기반 단원의 다음 구성 요소인 9단계에서 어떻게 교사에게 과정 중심 평가 아이디어가 제안되는지 확인할 수 있다.

3. 최종 평가 과제는 학생에게 요구되는 과업의 범위가 상당히 다양하다. 학생이 최종 요약본을 작성하기 전에 조사를 마쳐야 하는 최종 평가 과제는 완료되는 데 몇 주가 걸릴 수 있다. 학생은 평가 과제의 구성 요소에 대해 동료와 공동으로 작업하면서 연구의 절차에 대해 배우게 된다. 어떤 최종 평가는 훨씬 더 짧은 기간에 완료될 수도 있다. 중요한 것은 교사가 채점하는 학생의 최종 산출물은 각 학생이 독립적으로 완료해야 한다는 것이다.

교육과정 작성자가 단원 마무리 평가를 작성하기 전에 단원에서 기대되는 이해와 지식, 기능을 명확히 파악하는 것이 왜 중요한지 알겠는가? 최종 과제를 너무 빨리 작성하면 평가가 학습 단원의 가장 중요한 요소들을 나타내지 못할 수 있다.

최종 평가에서 알 수 있는 점

최종 단원 과제는 해당 단원에 참여한 모든 학급에서 공통으로 이루어진다. 학년별 교사가 함께 모여 공통 과제에서 학생들의 결과를 공유하고 분석하면 필연적으로 학생의 과제와 수업 방법에 대한 매우 풍부한 전문적 토론이 이루어지며, 결과적으로 강력한 전문성 개발 경험이 될 수 있다. 이러한 공유는 동료 협업이 모든 교사와 학생을 지원하는 진정한 전문적 학습 공동체를 반영할 뿐만 아니라 교육과정을 평가할 수 있는 귀중한 방법이기도 하다. 예를 들어, 교실의 80% 이상에서 학생의 혼란스러움이 명백하다면 교육과정이 문제일 가능성이 크다. 교실 전체에서 학생의 성과가 고르지 않다면 수업이 문제일 가능성이 크며 이때 동료의 집단적 지혜가 도움이 될 수 있다. 최종 과제의 결과에 주의를 기울이면 교육과정을 충실히 이행하는 데에도 도움이 된다.

📖 9단계: 학습 경험 제안하기

이제 모두가 좋아하는 영역을 다룰 차례이다. 이 단원 작성 단계는 학생이 단원 마무리 과제에 대비할 수 있도록 수업의 속도를 조절하고 수업을 구성하는 방법을 제안하기 때문에 최종 과제를 개발한 이후에 이루어진다. 얼마나 많은 정보를 제안할지 파악하는 것은 교육과정 작성자에게 중요한 결정이다.

주의 사항 단원의 이 영역은 교사의 수업 계획 작성에 관한 것이 아니다.

주의 사항: 단원의 이 영역은 교사의 수업 계획 작성에 관한 것이 아니다.

이 영역에는 다음과 같은 목적이 있다.

- 여러분의 지역의 일부 교육 관행(안내된 읽기, 워크숍 모델, 협동 학습 등)을 상기시키기 위해서이다. 예상되는 교육과정 실행 관행을 대표하는 학습 경험(learning experiences)의 예시를 제공하면 교사가 자신의 수업 계획을 설계할 때 연결점을 찾는 데 도움이 된다.

- 모든 학생이 비슷한 시간 내에 최종 과제를 위한 준비가 될 수 있도록 학습 경험의 속도를 제안하기 위해서이다. 예를 들어, 수업 속도는 단원을 시작하거나 소개하기 위한 학습 경험, 단원 중간 학습 경험, 단원 말미에 구현할 학습 경험으로 광범위하게 나눌 수 있다. 제안된 학습 경험은 일주일 단위로도 구성할 수 있다. 학년

별 교육과정 작성팀은 해당 지역의 교사를 가장 잘 알고 있으며 지나치게 관행적이지 않으면서도 얼마나 많은 지도가 도움이 될지 알고 있다.

- 성공적인 전이를 지원하기 위해서이다. 이것이 개념 기반 교육과정의 가장 중요한 목표 중 하나임을 기억하라. 학습 경험이 어떻게 구조화되고 전달되는지는 개념 기반 교육과정의 목표 달성 여부에 큰 영향을 미친다. 교사는 훈련과 연습이 요구되는 수업 방법에 매우 익숙하다. 이러한 방법은 매번 비슷한 맥락에서 거의 동일한 방식으로 수행되는 기능을 일관되게 적용하는 과정(근거리 전이)에 적합하다. 이전 장들에서 주장했듯이 더욱 복잡하고 추상적인 학습의 원거리 전이를 달성하기 위해서는 더 나아가서 이해를 위한 수업이 필요하다. 교사들은 이러한 학습 경험의 유형을 설계하기 위한 제안을 높이 평가한다.

원거리 전이를 위한 유일한 교수 방법은 없지만 학습 경험은 주로 과제의 특정 부분에서 사용되는 메타인지 과정을 교사가 모델링하고 설명하는 간단한 미니 레슨(mini-lessons)으로 시작한다. 이러한 '예시'는 주로 학생이 과제를 수행할 때 자신의 생각을 되돌아보도록 한다.

학습 경험은 매번 달라지는 상황이나 텍스트에서 어느 정도의 문제 해결과 결론 내리기를 포함할 것을 권장한다. 예를 들어, 학생들이 저자의 스타일을 비교하고 대조하라는 요청을 받으면 학생들은 구체적인 사례에서 일반성(일반화)을 도출하기 시작한다. 비유 분석하기, 여러 관점을 읽은 후 특정 입장에 대한 논거 만들기, 반론 만들기 등과 같이 심층적인 작업이 필요한 과제는 학생이 작품과 씨름하면서 이해에 대한 정신적 모델을 구성하는 데 도움이 된다. 이러한 예는 학생에게 "앞으로 배울 내용은 이렇습니다" "방법은 이렇습니다" 마지막으로 "이제 해 보세요"라고 말하는 수업과는 완전히 대조적이다. 이러한 유형의 수업은 절차적이고 근거리 전이를 위한 기능을 구축하는 데 도움이 될 수 있으나 학생이 새로운 지식을 이해하려고 할 때 처리해야 하는 정신적 모델(기존 지식)을 구성하지는 못한다. 오늘날 읽고 쓰는 능력에 대한 요구 중 상당수는 사람들이 사용 가능한 엄청난 양 중에서 관련 정보를 선택하고, 구성하며, 사전 지식과 통합하고, 결정을 내리기 전에 신중하게 비평하도록 한다. 국가공통핵심기준의 의도는 이러한 기대를 위해 학생을 준비시키는 것이므로 제안된 단원 수준 교육과정의 학습 경험 대다수는 학생의 개념적 사고를 구축하는 작업을 반영해야 한다.

데이비드 퍼킨스(David Perkins, 2009)는 이해를 위해 가르치고자 하는 많은 수업의 설계에 나타나는 '구멍'을 발견한다.

> 에세이 쓰기, 이야기 쓰기, 도표 만들기, 토론 전개하기, 각색하기 등 우리가 잘 이해한 결과라고 생각될 수 있는 많은 활동에서도 '구멍'이 나타난다. 이러한 활동은 수행 결과를 이해하는 풍부한 **기회**를 제공하기 때문에 전망은 있으나 보통 목표에 대한 광범위한 사고를 **요구**하지 않는다(Perkins, 2009, p. 66-67).

이는 학생이 진정으로 이해를 입증하도록 제안된 학습 경험을 충분하게 설계해야 한다는 논점으로 돌아간다. 학생에게 퍼킨스(Perkins, 2009)가 설명한 활동 예시를 완료하도록 요구할 수 있지만 그 과정을 성찰하고 지식을 통합하며 선택한 사항을 설명하고 결과물로 표현된 아이디어를 명확하게 표현하는 단계까지 나아가지 못한다면 학습 경험은 교육과정 목표에 미치지 못한다.

- 학생이 단원이 끝날 때까지 입증할 수 있어야 하는 일반화, 중요한 내용, 핵심 기능과 명확하고 직접적으로 연결하기 위해서이다. 내용과 기능을 다루는 학습 경험은 대체로 직관적이다. 때로는 학생의 사고를 단원의 일반화로 안내하도록 설계된 학습 경험이 교사에게 명확하지 않을 수 있다. 따라서 교육과정 작성자는 종종 특정 단원 일반화에 대한 제안을 코드(code)로 만든다.

예를 한번 들어보자.
제안된 학습 경험은 다음과 같다.

　　학생들은 짝과 함께 양질의 PowerPoint 프레젠테이션을 평가하는 기준과 프레젠테이션을 만드는 방법을 검토한 후 어떻게 이 정보를 사용하여 개별 프레젠테이션을 구성할지와 그 이유를 의논하도록 한다. (G#2)

이 단원의 두 번째 일반화인 코드 G#2는 다음과 같다.

　　발표자의 관점에 대한 청중의 이해도는 프레젠테이션의 스타일, 정확성, 명확성 및 속도에 따라 달라진다.

　　이러한 학습 경험에 대한 일반화의 상호 참조는 학습 경험에 필요한 프레젠테이션 기능이나 내용 지식에만 초점을 맞추지 않고 이해의 목표, 즉 전이 가능한 아이디어를 수업의 최전선에 두도록 해 준다. 학생은 다양한 학습 경험과 교사의 유도 질문을 통해 단원이 진행되는 동안 일반화를 깨닫게 된다.

　　교사의 수업 계획과 관련한 기타 정보는 제안된 학습 경험에 연결될 수 있다. [그림 8-2]의 예시에서 교육과정 작성자는 학습 경험을 설명할 뿐만 아니라 단원 중 평가와 잠재적인 개별화 아이디어, 수업에 도움이 될 수 있는 자원을 제안하는 양식을 설계하였다.

　　일부 지역에서는 국가공통핵심기준이나 그 밖의 성취기준을 코드로 만들어 학습 경험에 넣도록 한다. 어떤 지역에서는 해당 단원에서 다루는 국가공통핵심기준을 별도의 페이지에 문서화하도록 요구하기도 한다. 성공적인 교육과정 실행에 가장 유용할지 같은 학년에 속한 동료와 협력하여 의사 결정을 내려야 한다.

〈표 8-2〉 3학년 '전래동화와 판타지' 단원에서 제안된 학습 경험의 발췌본

권장 타임라인	제안된 학습 경험 (교사는 … 할 수 있다)	평가 (제안 및 필수**)	개별화 (지원 및 확장)	교사와 학생 지원
1주차	읽기 및 쓰기 워크숍 미니 레슨에서 제안된 교수 요점은 다음과 같다. 매일 다양한 안내 질문을 사용하여 여러 전래동화를 소개하고 소리 내어 읽은 후 학생들에게 전래동화의 특징에 대해 열이차런 점을 토의하도록 한다. 각 동화에 대해 다음 질문에 대한 답변의 '마스터' 표를 작성한다. (G#1) • 이 이야기의 배경은 어디인가요? • 등장인물은 누구인가요? • 이 전래동화는 누구를 위해 쓰였나요? • 저자의 목적은 무엇인가요? • 전래동화의 주제 또는 메시지가 있나요? (G#5) 읽기와 쓰기 지도에서 제안된 교수 요점에 대해 지속적으로 지도 또는 모델링한다. 교사는 텍스트 증거와 배경지식을 사용하여 독자가 주제나 메시지를 추론하기 위해 사용하는 전략과 기능을 모델링한다.	관찰, 학생의 구두, 서면, 할당된 과제 응답 학생이 응답을 뒷받침하기 위해 제공하는 텍스트 증거를 평가한다. 학생이 전래동화 표에서 패턴을 발견하는지, 학생이 G#1을 발견하고 있는지 확인한다.** 학생이 미니 레슨을 넘어 과제에서 교수 요점을 적용하는지를 평가한다.** 소그룹이나 대그룹 토론, 서면으로 응답할 때 학생이 텍스트 언어를 사용하는지 확인한다. 학생이 구두와 서면 응답을 뒷받침하기 위해 제공하는 텍스트 증거를 평가한다.**	교실 표 참조하기(루틴, 과제 확인 방법 등) 필요에 따라 답안 틀 제공하기 추가적인 긴 길이의 전래동화를 혼자 읽기 소그룹 또는 개별 지도하기	멘토 텍스트: 『거미 아난시 시리즈』 미니 레슨 후 학생들이 과제와 함께 읽고 활용할 수 있는 다양한 전래동화를 제공한다.

				멘토 텍스트: 『사자와 생쥐』
	문맥 단서를 활용하여 어려운 어휘 문제를 해결하는 방법을 모델링한다.	학생이 설명과 예시를 통해 생각을 가시화할 때 학생의 **이해를 평**가한다.	어휘 단어 미리 가르치기	미니 레슨 후 학생들이 읽고 과제와 함께 사용할 수 있는 다양한 전래동화를 계속 제공한다.
	학생은 익숙한 전래동화와 새로운 전래동화를 다시 살펴보면서 다음 질문을 탐구한다. • 관용구란 무엇인가요? 관용구는 전래동화의 주제나 교훈을 어떻게 전달하나요? (G#1)	학생이 응답을 뒷받침하기 위해 제공하는 텍스트 증거를 평가한다.	앞의 아이디어에 계속 사용하기	
2주차	학생은 친숙한 전래동화를 다시 살펴보면서 다음 질문을 탐구한다. • 삽화는 독자가 인물의 특성이나 감정을 이해하는 데 어떻게 도움이 되나요? (G#1) • 삽화는 주제나 메시지를 전달하는 데 어떻게 도움이 되나요? • 삽화가 전래동화 속 문화를 어떻게 묘사하나요? (G#3)	학생이 설명과 예시를 통해 생각을 가시화할 때 학생의 이해를 평가한다. 학생의 제안이나 프레젠테이션을 평가한다. 교수 요점과 관련된 과제를 부여한 개별 글쓰기 저널에 대한 주석 관찰을 진행한다.	필요에 따라 단서를 제공하여 학생의 생각 안내하기 도서관 정보 전문이나 기타 전문 교사의 지원 활용하기	
	소그룹 및 전체 그룹 학생 주도 토의에서 학생들에게 텍스트 증거와 학습 내용을 활용하여 친숙한 전래동화 속 삽화의 질과 텍스트 특징에 대한 의견을 형성하도록 한다. (G#3)			

		학생이 서면이나 구두 성찰	인물 특성 단어 은행	멘토 텍스트:
3주차	작가의 인물 선택이 텍스트의 의미나 메시지 전달에 어떻게 도움이 되나요? (G#1) 텍스트를 사용하여 이 인물을 어떻게 묘사할 수 있나요? 여러분의 생각을 뒷받침하는 근거를 제시하세요. (G#1) 짝과 함께 텍스트의 인물과 사건을 비판적으로 분석하고 해당 전래동화를 추천하거나 추천하지 않을지 생각하도록 요청한다. • 이야기가 흥미로웠나요? 왜 그랬나요? • 작가는 자신의 목적을 달성했나요? 왜 그렇게 생각했나요? • 이야기의 메시지가 모든 사람에게 관련되나요, 아니면 일부에게만 관련되나요? 왜 그렇게 생각했나요? (기타) (G#1, 3, 4, 5) 여러분은 어떤 인물을 가장 좋아하나요? 그 이유는 무엇인가요? 이것이 이야기에 대한 여러분의 의견에 어떤 영향을 미치나요? (G#4) 어떤 전래동화가 여러분의 경험과 가장 관련이 있나요? (G#5) 이하 계속됨		붙임 쪽지나 형광펜을 이용하여 정보 찾기 보다 명확한 지침을 제공하는 일대일 교사 모델링	『모기가 사람들의 귀에서 윙윙거리는 이유』 미니 레슨 후 학생이 읽고 과제와 함께 사용할 수 있는 다양한 전래동화를 계속 제공한다.

범례: G = 일반화(Generalization)

출처: North Haven Public Schools, North Haven, CT.
저자: Janice Regan, Grade 3, Green Acres School; Marylyn Tantorski, Grade 3, Ridge Road School; Corki Cuomo, Grade 3, Montowese School; Marilyn Sapienza, K-5 Language Arts Consultant, Montowese School.

8단계 및 9단계 요약

학습 경험은 교육과정을 실행하는 교사에게 단원 수업을 계획하고 단원 최종 평가에 대한 기대에 학생을 준비시키기 위하여 제안한다. 이 단원에서 제안된 학습 경험은 단지 단원의 수업을 가장 잘 설계하는 방법에 대한 제안일 뿐이다. 이 단원을 실행하는 동안 사용되는 평가는 학생에게 필요한 추가적인 학습 경험에 관한 구체적인 피드백을 교사에게 제공한다.

학습 단원에서 제공된 학습 경험은 순서가 논리적이어야 하고 점진적으로 더 어려워져야 하며 지역에서 중요히 여기는 양질의 교수 기법을 반영해야 한다. 학생이 단순히 작성하기만 하고 개념적 사고를 유도하지 않는 무의미한 학습지나 활동으로 되돌아가는 학습 경험으로 개념 기반 교육과정을 망치고 싶지 않을 것이다! 물론 기능과 내용을 명시적으로 가르칠 자리는 있다. 그러나 학습 경험은 학생 과제에 생각, 질문, 대화, 패턴 인식, 연결, 비판적 분석이 필요하도록 구조화될 수 있다. 이로써 학생은 전이 가능한 개념적 이해를 얻을 수 있다.

마지막으로 최종 평가의 성격이 한 단원에서 제안할 학습 경험의 개수를 결정한다. 앞서 언급했듯이 평가 과제는 학생이 최종적인 독립 작품을 완성하기까지 몇 주에 걸쳐 작업해야 할 수도 있다. 이러한 모든 고려 사항은 교육과정 작성자가 단원 학습 경험을 계획할 때 다뤄진다.

10단계: 단원 개요 작성

개념 기반 교육과정 단원을 작성하는 과정의 마지막 단계에 도달한 것을 축하한다! 이 단계는 교사가 학생에게 단원 소개에 필요한 말을 제공하는 개요(overview)를 작성하는 단계이다. 앞으로의 학습에 대한 학생의 관심을 유발할 수 있는 흥미로운 질문이 있는가? 학생의 주의를 끌기 위해 소리 내어 읽을 수 있는 짧은 시나리오가 있는가? 학생의 관심을 끌기 위해 활용할 수 있는 배경지식이 있는가? 이러한 사항은 교육과정 작성자가 사용할 수 있는 몇 가지 옵션에 불과하다. 다음은 단원 개요의 두 가지 예시이다.

여러분의 영웅은 누구인가요? 모든 영웅은 실존 인물이어야 하나요? 무엇이 영웅을 영웅으로 만들까요? 다음 단원에서는 브리튼족, 앵글로색슨족, 바이킹족, 노르만족 등 중세 초기에 영국에 살았던 사람들의 문헌을 통해 과거로 시간 여행을 떠날 것입니다. 이러한 문화권의 문학, 역사, 종교, 언어를 탐구하고 신화, 전설, 역사 기록에 구현된 영웅적 이상을 표현한 것에 집중할 것입니다. 또한 중세 초기 영웅의 특징을 살펴보고 오늘날의 영웅과 어떻게 비교되는지 살펴볼 것입니다. 얼마나 비슷하고 다른지 놀랄지도 몰라요!

정보가 필요해요! 방학에 친구와 함께 여행을 계획하고 있는데 어디로 가야 할지 잘 모르겠어요. 6주 안에 결정해야 합니다. 따뜻한 곳이면 좋겠고 저희 둘 다 수영을 좋아하며 일주일밖에 시간이 없으니 너무 멀지 않은 곳이면 좋겠어요. 마지막으로 너무 비싸면 안 됩니다! 음…… 필요한 모든 정보를 어디서부터 찾아야 할까요? 이번 단원에서는 완벽한 휴양지를 고르기 위해 올바른 정보를 찾을 수 있도록 제가 사용하는 조사 과정을 보여드리겠습니다. 이 단원의 백미는 우리가 휴가를 마치고 돌아온 후에 제가 방문한 장소에 대하여 떠나기 전에 수집한 정보와 그곳에서의 경험을 바탕으로 글을 쓸 예정이라는 겁니다. 다른 사람에게도 유용한 가이드가 될 수 있을 것 같지 않나요? 여러분이 더 자세히 알고 싶은 주제에 대한 정보를 조사하는 동안 저는 저만의 조사를 할 예정입니다. 배운 내용에 대한 글도 써서 우리 반과 공유할 것입니다. 할 일이 많으니 이제 시작합시다!

10단계 요약

단원 개요를 작성하는 것은 단원 작성의 클라이맥스이다. 학생이 앞으로 학습할 내용에 대해 흥미를 갖도록 단원에 대한 설명을 맞춤화하면 단원이 순조롭게 시작된다. 단원 개요는 단원의 내용에 초점을 두어 전달하지만 질문과 서사(narrative)를 통해 단원 시작 첫날 학생의 마음을 사로잡을 수 있다.

　제9장에는 여러 지역과 학년 수준의 몇 가지 예시 단원이 포함되어 있다. 이러한 단원을 전체적으로 살펴보면 개념 기반 교육과정의 모든 구성 요소가 어떻게 서로 보완하고 교수와 학습에 영향을 주는지 파악하는 데 도움이 될 것이다.

제3부

개념 기반 교육과정의
실제

제**9**장
개념 기반 언어 교과와
단원의 실제

　이 책의 사명 중 하나는 독자가 개념 기반 교육과정 설계를 잘 이해하도록 돕는 것이다. 내가 이 사명을 얼마나 잘 수행했는지 확인하기 위해 간단한 평가를 한번 해 보자. 이제 이 책의 이 지점까지 왔으니 개념 기반 교육과정에 대한 이해를 담아 두 개의 일반화를 써 보라. 강력한 일반화를 작성하기 위한 기준을 명심하라.

　어떻게 작성했는가? 다음은 여러분의 응답에 담긴 아이디어를 포착할 수 있는 일반화 예시이다.

　독자들은 다음 문장을 이해할 것이다.

　　개념적 교육과정은 높은 기준을 충족하기 위한 길잡이 역할을 한다.

　2007년, 우수한 수학 논문에서 저자인 리나 자즈키스(Rina Zazkis), 피터 릴예달(Peter Liljedahl), 그리고 에건 J. 체르노프(Egan J. Chernoff)는 일반화를 형성하고 논박하는 학생의 능력에서 예(examples)가 수행하는 필수적 역할에 관해 의견을 공유했다. 그들은 학생들이 수업에서 접하는 예가 일반화에 도달하는 능력을 개발하는 데 중요한 역할을 한다고 주장한다. 이전 장에서 논의한 바와 같이 여러분이 가르치고자 하는 이해에 관한 다양한 예를 학습자에게 노출하면 학습자는 패턴을 알아차리기 시작하고 그들의 생각을 구체적 예에서 이해의 개념적 수준으로 이동한다. 이처럼 시너지를 내는 사고는 학습자가 배운 내용을 더 잘 간직하며 새로운 상황으로 그것을 전이하도록 돕는다(Erickson, 2008). 또한 자즈키스 등(Zazkis et al., 2007)은 중추적예의 역할에 대해 논의한다. 약간의 인지적 갈등을 생성하거나 해결하고 학습자들이 그들의 마음을 바꾸거나 원래의 생각을 버리게 하도록 중추적 예는 특별히 선정된다. 다시 말해 예의 선택은 성공적 일반화를 촉진하고 잘못된 일반화를 논박하는 데에 도움을 준다.

지면상의 제약으로 많은 단원 사례를 담지 못했다. 개념 기반 교육과정을 설계하기로 전환한 몇몇 교육구는 사례의 힘을 인정하기에 소액의 비용으로 단원을 사용할 수 있도록 한다(예: 코네티컷주 미들베리 및 사우스베리의 폼페라우구 지역 교육구 15). 이장은 설계상 약간의 미묘한 뉘앙스 차이가 있으나 개념적 접근 방식을 충실하게 유지하는 세 가지 단원 사례를 보여 준다. 이 사례와 책 곳곳에 있는 다른 사례가 개념 기반 교육과정의 설계 과정을 성공적으로 이해하는 데 도움이 되기를 바란다.

초등학교 언어 교과 단원 사례

코네티컷주 노스 헤이븐에 있는 노스 헤이븐 공립학교의 2학년 단원부터 살펴보자.

[그림 9-1]의 그물(web) 부문은 단원의 기초를 제공하는 개념을 계획하기 위한 초기 브레인스토밍의 노력을 보여 준다. 그물에는 핵심 기능이 포함되어 있지 않다! 핵심 기능은 나중에 단원과 제안된 학습 경험에서 나온다. 일반화는 그물의 모든 스트랜드(strands)에 걸쳐 균형을 이루고 있으므로 종합적이고 균형 잡힌 문해력 학습에 중요한 이해를 나타낸다. 이 단원에서 또 다른 흥미로운 점은 단원의 일반화 각각을 중심으로 제안된 학습 경험을 교사들이 구성했다는 것이다. 이 단원을 집필한 교사들은 수업 계획에 사용하는 독자 및 작가 워크숍(the reader's and writer's workshop) 프레임워크에 잘 들어맞게 제안된 학습 경험을 제시함에 유의 바란다.

유치원-12학년(K-12) 언어 교과(ELA) 교육과정

학년: 2

단원명: 인물 학습: 우리는 어떻게 인물을 알아갈까?

날짜: 2012년 1월 26일

[그림 9-1] **초등학교 개념 기반 언어 교과(ELA) 단원 사례**

학년 수준: 2

단원명: 인물 학습: 우리는 어떻게 인물을 알아갈까?

개념적 렌즈: 성격 묘사

텍스트 이해하기:
- 주요 사건 및 도전
- 서사(narrative) 텍스트의 이야기(story) 요소
- 인물의 관점
- 인물의 특성, 대화, 행동
- 인물의 목소리
- 어휘
- 우정의 특징
- 요약
- 학년 수준의 파닉스 및 단어 분석
- 추론
- 이해(comprehension)를 돕기 위한 질문
- 유창성

텍스트에 반응하기:
- 인물과의 의미 있는 연결
- 텍스트 증거
- 짝과 읽고 공유하기
- 텍스트 전반에서 인물들의 비슷한 점과 차이점
- 주요 아이디어와 세부 정보
- 포괄적 묘사

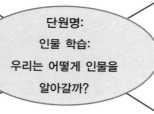

**단원명:
인물 학습:
우리는 어떻게 인물을
알아갈까?**

텍스트 생산하기:
- (문자적, 해석적 및 개방적 질문에 대한) 구술 및 서술 반응
- 함께 글쓰기
- 서사적 글쓰기
- 글쓰기 규칙
- 글쓰기 과정
- 시간 관련 단어
- 전환 단어
- 눈 마주치기, 말소리
- 주장하는 글(저널 쓰기)

텍스트 비평하기:
- 텍스트 증거로 뒷받침되는 작가의 인물 묘사에 대한 의견
- 인물의 있음 직함(believability)
- 현실적 문제와 해결책
- 텍스트 삽화(illustrations)의 특징
- 결론

학년 수준: 2

단원명: 인물 학습: 우리는 어떻게 인물을 알아갈까?

개념적 렌즈: 성격 묘사

단원 개요(학생들에게 단원 학습을 소개하는 매력적인 요약)

미니 레슨 형식

이제 2학년이 된 여러분이 많은 이야기를 읽고 쓴 것으로 저는 알고 있습니다. 이야기의 핵심 요소 중 하나는 인물입니다. 작가는 여러분이 인물을 알아가도록 어떠한 도움을 주나요? 여러분은 인물이 마음에 드는지, 인물이 실제처럼 여겨지는지, 나 또는 내가 아는 사람이 이야기 속 인물처럼 될 수 있다고 생각하는지에 대하여 어떤 의견을 가지고 있나요? 우리는 이 새로운 단원을 진행하면서 이런 질문에 대한 몇 가지 답을 알아볼 것입니다. 끝마칠 때쯤 여러분은 이야기 속 인물에 더 많은 세부 사항을 추가할 수 있을 뿐만 아니라 새 책에서 오랜 친구처럼 느껴지는 몇몇 인물도 발견할 수 있을 것입니다!

이 단원에서 다루는 코네티컷주 국가공통핵심기준(CCSS):

본 단원에 포함된 국가공통핵심기준은 핵심 기능 부문에서 확인할 수 있다.

학년 수준: 2

단원명: 인물 학습: 우리는 어떻게 인물을 알아갈까?

일반화	안내 질문 (F = 사실적, C = 개념적, P = 논쟁적)
1. 인물의 대화와 행동은 인물의 특성을 드러낸다.	1a. 인물의 특성이란 무엇인가요? (F) 1b. 이야기 대화(dialogue)란 무엇인가요? (F) 1c. 작가는 인물이 '말하기'를 할 때 어떻게 이를 독자에게 알릴 수 있나요? (F) 1d. 인물을 묘사하기 위하여 인물의 특성을 어떻게 사용할 수 있나요? (C) 1e. 이야기 ____ 속 주요 인물의 특성은 무엇인가요? (F) 1f. 이러한 특성이 정확하다는 것을 증명하는 인물의 말과 행동은 무엇인가요? (F) 1g. 텍스트의 다른 정보가 인물에 대한 독자의 이해를 뒷받침하는 데 어떻게 도움이 되나요? (C) 1h. 인물의 특성이 선한 동시에 악할 수 있나요? (P)
2. 배경 경험은 독자가 이야기의 인물을 파악하고 이해하도록 돕는다.	2a. 책____의 주요 인물은 누구인가요? (F) 2b. 이 책에서 보조적 인물은 누구인가요? (F) 2c. 주요 인물은 보조적 인물과 어떻게 다른가요? (C) 2d. 이야기의 시작과 끝에서 인물들이 어떻게 변할 수 있나요? (C) 2e. 이야기 속 인물과 비슷한 어떤 경험을 해 보았나요? (P) 2f. 이야기에서 인물은 항상 변하나요? 다른 책에서 증거를 대세요. (F)
3. 작가는 갈래와 목적에 따라 이야기와 인물을 개발한다.	3a. 갈래(genre)란 무엇인가요? (F) 3b. 이야기____의 갈래는 무엇이며, 어떻게 알 수 있나요? (F) 3c. 텍스트 ____에서 어떤 증거가 인물이 있음 직한지 아닌지를 보여 주나요? (F) 3d. 모든 인물이 있음 직해야 하나요? (P) 3e. 이야기 ____의 문제와 해결책은 무엇인가요? 텍스트의 증거로 뒷받침하세요. (F) 3f. 인물이 어떤 식으로 이야기와 잘 어울리거나 잘 어울리지 못하나요? (C) 3g. 작가는 이야기의 인물을 어떻게 고르나요? (C) 3h. 인물 ____의 목소리는 무엇처럼 들리나요? (F)
4. 인물의 관계는 이야기 속 사건을 형성하고 주도한다.	4a. 관계란 무엇인가요? (F) 4b. 서로 다른 관계의 종류에는 무엇이 있나요? (F) 4c. 시간이 지남에 따라 관계는 어떻게 변할 수 있나요? (C) 4d. 관계는 왜 변하나요? (C) 4e. 이야기 ____에서 인물의 관계는 어떠한가요? (F) 4f. 이야기 전반에서 인물의 관계가 변했나요? 만약 그렇다면 어떻게 변했나요? (F)

	4g. 인물 관계의 변화가 이야기의 나머지 부분에 어떻게 영향을 줄 수 있나요? 　　뒷받침하는 예를 들어 보세요. (C) 4h. 만일 인물의 관계가 달랐다면 이야기＿＿의 결과는 어떻게 변할 수 있을까요? (P) 4i. 인물들의 관점 차이가 어떻게 이야기를 흥미롭게 만드나요? (C)
5. 독자는 텍스트 증거를 　이용하여 인물에 대해 　추론한다.	5a. 인물의 행동 방식은 독자가 예상하도록 어떻게 도움을 주나요? (C) 5b. 예상이 빗나갔을 때 훌륭한 독자는 어떻게 하나요? (F) 5c. 추론이란 무엇인가요? (F) 5d. 이 이야기에서 어떤 단서를 발견하여 인물 ＿＿＿＿을/를 있음 직하다고 여기게 　　되었나요? (F) 5e. 모든 단서가 같은 추론으로 이어지나요? (P) 5f. 추론이 때때로 바뀌는 이유가 무엇인가요? (C) 5g. 여러분이 인물 ＿＿＿＿을/를 좋아하거나 존경하도록 만든 증거는 무엇인가요? 　　그러한 이유 또는 그렇지 않은 이유는 무엇인가요? (P) 5h. 삽화는 독자의 추론에 어떤 영향을 미치나요? (C)

중요한 내용과 핵심 기능

중요한 내용 학생들은 ……을/를 알 것이다.	핵심 기능 학생들은 ……을/를 할 수 있을 것이다.
텍스트 이해하기: • 서사 텍스트의 이야기 요소 • 작가는 다양한 의도로 글을 씀 • 문맥상 어휘 • (전, 중, 후) 읽기 전략 • 예측은 기대를 낳음 • 다시 말하기 및 요약하기 • 추론의 의미 • 인물의 특성 및 목소리의 의미	**텍스트 이해하기:** CCSS RF.2.3: 단어를 읽고 이해(decoding)할 때 학년 수준의 파닉스와 단어 분석 기술을 알고 적용한다. CCSS RF.2.4: 이해를 돕기 위해 충분히 정확하고 유창하게 읽는다. CCSS RL.2.1: 텍스트의 핵심적 세부 사항을 이해했음을 보여 주는 누가, 언제, 어디서, 무엇을, 어떻게, 왜 같은 질문을 하고 답한다. CCSS RL.2.3: 이야기 속 인물이 주요 사건과 도전에 어떻게 반응하는지 묘사한다. CCSS RL.2.6: 소리 내어 읽을 때 각 인물에게 맞게끔 다른 목소리로 말하는 등 인물의 관점 차이를 알고 있음을 표현한다. CCSS L.2.4: 다양한 전략을 유연하게 선택하여 2학년 읽기 및 내용을 기반으로 의미를 알 수 없고 중의적인 단어와 구의 뜻을 밝혀 내거나 명확히 한다. CCSS RL.2.7: 인쇄물이나 디지털 문서의 삽화와 단어에서 얻은 정보를 사용하여 인물, 배경 또는 줄거리를 이해함을 보여 준다.
텍스트에 반응하기: • 텍스트에 의미 있게 연결된다는 것의 의미 • (문자적, 해석적 및 철학적인) 다양한 수준의 질문과 반응 • 토론 행동 양식 • 반응을 강화하고자 텍스트 증거를 사용하는 방법	**텍스트에 반응하기:** CCSS SL.2.1: 동료나 어른과 함께하는 크고 작은 집단에서 2학년 주제 및 텍스트에 대하여 다양한 상대와 협력적 대화에 참여한다. CCSS SL.2.2: 소리 내어 읽은 텍스트 또는 구어나 다른 매체를 통하여 제시된 정보에서 핵심적 아이디어나 세부 사항을 떠올려 말하거나 묘사한다. CCSS W.2.8: 질문에 대답하기 위하여 경험에서 정보를 상기하거나 제공된 자원에서 정보를 모은다. CCSS L.2.6: 설명하는 형용사와 부사의 사용을 포함하여 대화, 읽기와 읽어 주기, 텍스트에 반응하기를 통해 습득한 단어나 구를 사용한다.

텍스트 비평하기:	텍스트 비평하기:
• 의견 대 사실의 의미 • 작가의 기법을 비평하는 요소 (인물의 있음 직함, 삽화, 현실성 있는 문제와 해결책 등)	CCSS RL.2.4: 단어와 구(예: 규칙적 박자, 두운, 각운, 반복적 행)가 이야기, 시 또는 노래에서 어떻게 리듬과 의미를 제공하는지 설명한다. CCSS RL.2.5: 어떻게 도입부가 이야기를 시작하며 결말이 사건(action)을 마무리하는지 설명을 포함하여 이야기의 전반적 구조를 설명한다. CCSS W.2.1: 글쓰기의 대상인 주제나 책을 소개하는 의견을 글로 쓰고, 의견을 제시하고, 의견을 뒷받침하는 근거를 대며, 의견과 근거를 연결하기 위하여 이어 주는 단어(예: 왜냐하면, 그리고, 또한)를 사용하고, 결론 짓는 표현이나 단락을 제공한다.
텍스트 생산하기:	텍스트 생산하기:
• 텍스트 증거가 있는 글로 표현된 반응 • 서사(narrative) 텍스트 구조 대 이야기 요소 • 글쓰기 과정의 단계 • 시간 및 전환 단어의 의미 • 2학년을 위한 글쓰기 규칙 • 구두 발표 계획(protocol)	CCSS W.2.3: 잘 짜인 사건(event) 또는 사건의 짧은 순서를 이야기하는 서사를 쓰고, 행동, 생각, 그리고 느낌을 설명하는 세부 사항을 포함하며, 사건 순서를 알리는 시간을 나타내는 단어를 사용하고, 마무리하는 느낌을 준다. CCSS L.2.2: 글을 쓸 때 표준 영어의 대문자, 구두점, 철자 규칙을 준수함을 보여 준다.

1주차: 학생이 다음과 같은 이해에 이르도록 제안된 학습 경험

G#1: 인물의 대화와 행동은 인물의 성격을 드러낸다.

교수 요점	안내 질문	제안된 자원	평가	권장하는 구성
• 독자는 인물이 서로 어떻게 대화하는지 주목한다. • 작가는 특정 기법을 사용하여 인물의 대화를 보여 준다. • 생김새, 행동 또는 분위기를 이용하여 인물을 묘사할 수 있다. • 인물의 특성이란 인물의 생김새, 행동 또는 분위기를 묘사할 때 쓰이는 단어이다. • 독자와 작가는 읽고 쓰며 인물의 특성을 파악한다.	• 이야기 대화란 무엇인가요? (F) • 인물의 특성이 무엇인가요? (F) • 인물을 묘사하기 위한 글쓰기에서 인물의 특성을 어떻게 사용할 수 있나요? (C) • 이 이야기 속 인물의 인물 특성은 무엇인가요? (F)	• 『국화(Chrysanthemum)』 메리 호프만(Mary Hoffman) 저 • 『이라는 자고 가요(Ira Sleeps Over)』 버나드 웨이버(Bernard Waber) 저 • 『체스터의 방식(Chester's Way)』 케빈 헹크스(Kevin Henkes) 저 • 『개구리와 두꺼비(Frog and Toad)』 아놀드 로벨(Arnold Lobel) 저 • 『펭귄 테키(Tacky the Penguin)』 헬렌 레스터(Helen Lester) 저 • 『폴카 선생님, 감사합니다(Thank You, Mr. Falker)』 패트리샤 폴라코(Patricia Polacco) 저 • 『헨리와 머지(Henry and Mudge)』 신시아 릴런트(Cynthia Rylant) 저 • 『버클 경찰관과 글로리아(Officer Buckle and Gloria)』 페기 래쓰만(Peggy Rathmann) 저 • 『당당하게 행동해, 몰리 루 멜론(Stand Tall, Molly Lou Melon)』 패티 러벨(Patty Lovell) 저 • 『스키피존 존스(SkippyJon Jones)』 쥬디 샤흐너(Judy Schachne) 저	• 일대일 회의 • 교사 관찰 • 학생 구술 및 서술 응답	• 수준별 총서 • 읽기 및 쓰기 워크숍 • 파트너십 • 소리 내어 읽기 • 안내된 읽기 • 전략 그룹(Strategy groups) • 읽기 및 쓰기 공유 • 일대일 읽기 및 쓰기 회의

2주차: 학생이 다음과 같은 이해에 이르도록 제안된 학습 경험

G#1: 인물의 대화와 행동은 인물의 성격을 드러낸다.

교수 요점	안내 질문	제안된 자원	평가	권장하는 구성
• 독자는 작가가 글 속에 만들어 낸 단서를 사용하여 인물의 생김새, 행동 및 분위기를 문맥에 맞게 파악한다.	• 설명을 뒷받침하기 위하여 텍스트에서 정보를 어떻게 사용할 수 있나요? (C) • 자신이 ____ (이)라는 것을 증명하는 인물의 말은 무엇인가요? (F) • 자신이 ____ (이)라는 것을 증명하는 인물의 행동은 무엇인가요? (F) • 모든 캐릭터에 특성이 있나요? (F) • 인물 특성이 선한 동시에 악할 수 있나요? (P) • 어떻게 당신의 이야기 속에 인물에 대한 단서를 포함할 수 있나요? (F)	• 『쉬는 시간 여왕(The Recess Queen)』 알렉시스 오닐(Alexis O'Neill) 저 • 『홉 점프(Hop Jump)』 엘렌 스톨 월시(Ellen Stoll Walsh) 저 • 『자메이카의 습득물(Jamaica's Find)』 후아니타 하빌(Juanita Havill) 저 • 『용감한 쉴라 레이(Sheila Rae, the Brave)』 케빈 헹크스(Kevin Henkes) 저 • 『웬델과 함께하는 주말(A Weekend With Wendell)』 케빈 헹크스(Kevin Henkes) 저 • 『이상한 벨벳(Odd Velvet)』 메리 위트콤(Mary Whitcomb) 저 • 『체스터의 방식(Chester's Way)』 케빈 헹크스(Kevin Henkes) 저 • 『올리버 버튼은 계집애 같아(Oliver Button Is a Sissy)』 토미 드파올라(Tomie dePaola) 저	• 일대일 회의 • 교사 관찰 • 학생 구술 및 서술 응답	• 수준별 총서 • 독자 및 작가 워크숍 • 파트너십 • 소리 내어 읽기 • 안내된 읽기 • 전략 그룹 • 읽기 및 쓰기 공유 • 일대일 읽기 및 쓰기 회의

3주차: 학생이 다음과 같은 이해에 이르도록 제안된 학습 경험
G#2: 배경 경험은 독자가 이야기 인물을 파악하고 이해하도록 돕는다.

교수 요점	안내 질문	제안된 자원	평가	권장하는 구성
• 독자는 주요 인물과 보조적 인물을 찾아낸다. • 독자와 작가는 주요 인물과 보조적 인물을 구분한다.	• 주요 인물과 보조적 인물은 누구인가요? (F) • 어떻게 주요 인물과 보조적 인물을 구분하나요? (C)	• 앞에서 언급한 텍스트 • 추가적 멘토 텍스트 • 여섯 가지 특성(Six traits) • 학생 읽기 및 쓰기 저널	• 일대일 회의 • 교사 관찰 • 학생 구술 및 서술 응답 • 할당된 과제의 평가 • 쓰기 포트폴리오 • 읽기 기록	• 수준별 독서 • 독자 및 작가 워크숍 • 파트너십 • 소리 내어 읽기 • 안내된 읽기 • 전략 그룹 • 읽기 및 쓰기 공유 • 일대일 읽기 및 쓰기 회의

4주차: 학생이 다음과 같은 이해에 이르도록 제안된 학습 경험
G#2: 배경 경험은 독자가 이야기 인물을 파악하고 이해하도록 돕는다.

교수 요점	안내 질문	제안된 자원	평가	권장하는 구성
• 독자와 작가는 이야기 전반에서 인물의 특성을 적는다. • 독자는 이야기 속에서 인물과 물과 연결된다.	• 이야기의 시작과 끝에서 인물이 어떻게 변할 수 있을까? (C) • 이야기 속 인물의 경험과 유사한 어떤 경험을 해 본 있나요? (C) • 이야기 속에서 인물은 항상 변하나요? 다른 책에서 상 변하나요? 증거를 대보세요. (F)	• 멘토 텍스트 • 학생의 쓰기 저널 • 여섯 가지 특성 • 학생의 읽기 및 쓰기 저널	• 일대일 회의 • 교사 관찰 • 학생 구술 및 서술 응답 • 할당된 과제의 평가 • 쓰기 포트폴리오 • 읽기 기록	• 수준별 독서 • 독자 및 작가 워크숍 • 파트너십 • 소리 내어 읽기 • 안내된 읽기 • 전략 그룹 • 읽기 및 쓰기 공유 • 일대일 읽기 및 쓰기 회의

5주차: 학생이 다음과 같은 이해에 이르도록 제안된 학습 경험
G#3: 작가는 갈래와 목적에 따라 이야기와 인물을 개발한다.

교수 요점	안내 질문	제안된 자원	평가	권장하는 구성
• 독자와 작가는 정보를 담은 텍스트와 허구적 텍스트를 구분한다. • 독자는 인물이 현실적인지 밝히기 위하여 작가가 만든 단서를 찾는다.	• 갈래란 무엇인가요? (F) • 이 이야기의 갈래는 무엇이며 어떻게 알 수 있나요? (F) • 글에서 어떤 증거가 인물이 있음 직하거나 그렇지 않음을 보여 주나요? (F) • 모든 인물이 있음 직해야 하나요? (P)	• 쌍둥이(Pair-it) 책 • 학생의 읽기 및 쓰기 저널 • 여섯 가지 특성	• 일대일 회의 • 교사 관찰 • 학생 구술 및 서술 응답 • 할당된 과제의 평가 • 쓰기 포트폴리오 • 읽기 기록	• 수준별 총서 • 독자 및 작가 워크숍 • 파트너십 • 소리 내어 읽기 • 안내된 읽기 • 전략 그룹 • 읽기 및 쓰기 공유 • 일대일 읽기 및 쓰기 회의

6주차: 학생이 다음과 같은 이해에 이르도록 제안된 학습 경험
G#3: 작가는 갈래와 목적에 따라 이야기와 인물을 개발한다.

교수 요점	안내 질문	제안된 자원	평가	권장하는 구성
• 독자와 작가는 서로 다른 관계의 종류를 인식한다. • 독자와 작가는 어떻게 관계가 시간이 지남에 따라 변할 수 있는지 그리고 그 결과로 어떤 일이 일어나는지 추적한다.	• 관계란 무엇인가요? (F) • 서로 다른 관계의 종류에는 어떤 것들이 있나요? (C) • 시간이 지나며 관계는 어떻게 변할 수 있나요? (C) • 관계는 왜 변할까요? (C)	• 독자 및 작가의 공책 또는 저널 • 여섯 가지 특성 어휘	• 일대일 회의 • 교사 관찰 • 학생 구술 및 서술 응답 • 할당된 과제의 평가 • 쓰기 포트폴리오 • 읽기 기록	• 수준별 총서 • 독자 및 작가 워크숍 • 파트너십 • 소리 내어 읽기 • 안내된 읽기 • 전략 그룹 • 읽기 및 쓰기 공유 • 일대일 읽기 및 쓰기 회의

7주차: 학생이 다음과 같은 이해에 이르도록 제안된 학습 경험
G#4: 인물의 관계는 이야기 속 사건을 형성하고 주도한다.

교수 요점	안내 질문	제안된 자원	평가	권장하는 구성
• 독자와 작가는 서로 다른 관계의 종류를 인식한다. • 독자와 작가는 어떻게 관계가 시간이 지남에 따라 변할 수 있는지 그리고 그 결과로 어떤 일이 일어나는지 주목한다.	• 관계란 무엇인가요? (F) • 서로 다른 관계의 종류에는 어떤 것들이 있나요? (C) • 시간이 지나며 관계는 어떻게 변할 수 있나요? (C) • 관계는 왜 변할까요? (C)	• 독자 및 작가의 공책 또는 저널 • 여섯 가지 특성의 어휘	• 일대일 회의 • 교사 관찰 • 학생 구술 및 서술 응답 • 할당된 과제의 평가 • 쓰기 포트폴리오 • 읽기 기록	• 수준별 총서 • 독자 및 작가 워크숍 • 파트너십 • 소리 내어 읽기 • 안내된 읽기 • 전략 그룹 • 읽기 및 쓰기 공유 • 일대일 읽기 및 쓰기 회의

8주차: 다음과 아래와 같은 이해에 이르도록 제안된 학습 경험
G#4: 인물의 관계는 이야기 속 사건을 형성하고 주도한다.

교수 요점	안내 질문	제안된 자원	평가	권장하는 구성
• 독자와 작가는 이야기 속에서 인물 간의 관계를 알아낸다. • 독자는 작가가 어떻게 때로 인물의 관계를 변화시키고 그리고 그 변화가 이야기에 영향을 주는지 주목할 필요가 있다.	• 이야기 _____ 에서 인물 간의 관계는 어떻게 되나요? (F) • 이야기가 진행되는 동안 인물의 관계가 바뀌었나요? 그렇다면 어떻게 변했나요? (F) • 인물의 관계 변화는 이야기의 나머지 부분에 어떤 영향을 미칠 수 있나요? 예를 들어 보세요. (C) • 인물의 관계가 달라졌다면 이 이야기의 결말은 어떻게 달라질 수 있을까요? (P) • 인물의 관점 차이가 이야기를 어떻게 더 흥미롭게 만드나요? (C)	• 독자 및 작가의 공책 또는 저널 • 여섯 가지 특성	• 일대일 회의 • 교사 관찰 • 학생 구술 및 서술 응답 • 할당된 과제의 평가 • 쓰기 포트폴리오 • 읽기 기록	• 수준별 총서 • 독자 및 작가 워크숍 • 파트너십 • 소리 내어 읽기 • 안내된 읽기 • 전략 그룹 • 읽기 및 쓰기 공유 • 일대일 읽기 및 쓰기 회의

9주차: 학생이 다음과 같은 이해에 이르도록 제안된 학습 경험
G#5: 독자는 텍스트 증거를 이용하여 인물에 대해 추론한다.

교수 요점	안내 질문	제안된 지원	평가	권장하는 구성
• 저자가 우리에게 알게 되길 바라지만 말로 직접 표현하지 않는 것들에 독자는 주목한다.	• 추론이란 무엇인가? (F) • 이 이야기에서 어떤 단서를 발견하여 ___ 을(를) 믿게 되었나요? (F) • 모든 단서가 같은 주론으로 이어지나요? (P) • 추론이 때때로 변하는 이유는 무엇인가요? (C) • 여러분이 인물 ___ 을(를) 좋아하거나 싫어하게 만든 증거는 무엇인가요? 왜 그런가요? 또는 왜 그렇지 않은가요? (P)	• 앞과 같음	• 일대일 회의 • 교사 관찰 • 학생 구술 및 서술 응답	• 수준별 총서 • 독자 및 작가 워크숍 • 파트너십 • 소리 내어 읽기 • 안내된 읽기 • 전략 그룹 • 읽기 및 쓰기 공유 • 일대일 읽기 및 쓰기 회의

10주차: 학생이 다음과 같은 이해에 이르도록 제안된 학습 경험
G#5: 독자는 텍스트 증거를 이용하여 인물에 대해 추론한다.

교수 요점	안내 질문	제안된 지원	평가	권장하는 구성
• 독자는 인물의 행동 방식에 따라 예측을 한다. • 작가는 독자에게 인물에 대한 단서를 제공한다.	• 인물이 행동하는 방식이 독자가 예상을 하도록 어떻게 도움을 주나요? (C) • 좋은 독자는 예상이 정확하지 않을 때 어떻게 하나요? (F)	• 앞서 나열한 바와 같음	• 일대일 회의 • 교사 관찰 • 학생 구술 및 서술 응답 • 최종 단원 평가 과제(개별 및 사항: 발표 루브릭)	• 수준별 총서 • 독자 및 작가 워크숍 • 파트너십 • 소리 내어 읽기 • 안내된 읽기 • 전략 그룹 • 읽기 및 쓰기 공유 • 일대일 읽기 및 쓰기 회의

최종 수행 과제

무엇? 학생들은 가장 좋아하는 인물의 특성을 조사할 것이다.

왜? 인물의 대화와 행동이 인물의 특성을 드러낸다는 것을 이해하기 위하여

어떻게?

1단계: 이 단원에서 읽은 이야기 중 하나에서 인물 한 명을 선택하시오.

2단계: 그 이야기를 다시 읽고 조사하고 싶은 인물의 특성 중 하나를 결정하시오.

3단계: 인물의 특성 그물을 완성하시오.

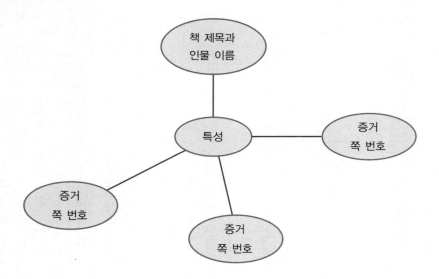

4단계: 학급에서 조사 결과 및 작가가 캐릭터의 특성을 드러내는 방법에 대해 알게 된 점을 발표하시오.

저자: Josh Anderson, Marie Camerato, Jennifer Ciaburro, Carrie Gambardella, Rachel Sullivan
출처: North Haven Public Schools, North Haven, CT

중학교 언어 교과 단원 사례

[그림 9-2]에서 볼 수 있는 다음 사례는 코네티컷주 미들베리 및 사우스베리에 있는 폼페라우그 지역 교육구 15에서 개발하였다. '우리는 어떻게 세상을 변화시킬 수 있을까?'라는 제목의 6학년 단원은 개념적 주제를 중심으로 작성되었다.

폼페라우그 지역 교육구 15

 코네티컷주 미들베리 및 사우스베리 커뮤니티에 기여함

유치원−12학년(K−12) 언어 교과 교육과정

학년: 6

4단원: 우리는 어떻게 세상을 변화시킬 수 있을까?

날짜: 2012년 1월

[그림 9−2] **중학교 개념 기반 언어 교과 단원 사례**

출처: 이 단원은 코네티컷주 미들베리 및 사우스베리에 있는 폼페라우그 지역 교육구 15에서 발행한 것이며 허가받아 사용할 수 있다.

학년 수준: 6

단원명: 우리는 어떻게 세상을 변화시킬 수 있을까?

개념적 렌즈: 비판적 태도

텍스트 이해하기: (R, V, L)
- 원인과 결과
- 목소리와 관점
- 비소설(nonfiction)과 소설(fiction)의 구조
- 정확성과 편견에 관한 내용
- 사회 운동
- 불공평
- 추론
- 공감
- 태도의 변화

텍스트에 반응하기: (L, S, P)
- 다른 관점에 대한 고려와 유연한 사고
- 배울 수 있는 교훈
- 관련 질문
- 성찰
- 연결
- 요약
- 텍스트와 아이디어의 종합
- 개인적 관점
- 생산적 토론의 역동성

단원명:

우리는 어떻게 세상을

변화시킬 수 있을까?

텍스트 생산하기: (P, W, S)
- 설득력 있는 쓰기 기법
- 조사 과정
- 구두 표현
- 옹호

텍스트 비평하기: (L, V, R, S, P)
- 작가의 기법: 텍스트 구조 분석과 작가의 논리
- 비판적 태도: 결과 또는 결론의 정당화
- 논증
- 작가의 목적
- 편견
- 내용 정확성

범례:
- R = 읽기(Reading)
- L = 듣기(Listening)
- V = 보기(Viewing)
- S = 말하기(Speaking)
- W = 쓰기(Writing)
- P = 발표하기(Presenting)

주: 지역 교육구 15의 교육과정에서 텍스트란 아이디어, 감정 또는 정보를 전달하기 위해 사용되는 모든 매체, 인쇄물 또는 비인쇄물로 정의된다.

학년 수준: 6

학습 단원: 우리는 어떻게 세상을 변화시킬 수 있을까?

(기간: 약 6주)

개념적 렌즈: 비판적 태도

단원 개요: (학생들에게 단원 학습을 소개하는 매력적 요약)

여러분은 확고하게 믿거나 강한 느낌을 느낀 대상에 대해 어떤 태도를 취해 본 적이 있나요? 불공평을 경험하고 조처하고 싶던 적이 있나요? 여러분은 여러분의 세상에 변화를 일으킬 능력이 있습니다. 이 단원에서 우리는 작가의 기법, 관점, 그리고 작가의 비판적 태도를 탐색해 볼 것입니다. 사회 운동가로서 여러분은 논란의 여지가 있는 문제에 대하여 자신의 관점을 표현하고 옹호해 볼 것입니다. 주제를 조사한 후에 여러분은 자신의 관점을 표현하고 문제를 해결하기 위하여 제안하는 편지를 쓸 것입니다.

테크놀로지 사용: (교사 또는 학생이 이를 사용하려면 어떤 기술이 필요한가요? 인터넷과 도구 사용에 대한 지식이나 친숙함이 얼마나 필요한가요?)

적절한 조사: 인터넷, 잡지, 신문, 책 사용

지역 교육구 15 언어 교과 교육과정은 교차 점검되었으며 국가공통핵심기준에 부합한다.

학년: 6

학습 단원: 우리는 어떻게 세상을 변화시킬 수 있을까?

영속적 이해 (일반화)	초점 질문 (F = 사실적, C = 개념적, P = 논쟁적)
1. 의견이 담긴 작품(다큐멘터리 영화, 신문 사설, 책 등)은 개인이나 집단의 믿음, 신념 그리고 의견을 변화시킬 수 있다. (이해, 반응)	1a. 사회 운동이란 무엇인가요? (F) 1b. 사람들은 왜 사회 변화에 관한 글을 읽거나 쓰나요? (C) 1c. 여러분의 관점은 어떻게 형성되나요? (F) 1d. 사회 변화를 만드는 데 있어 개인과 집단 간의 관계는 무엇인가요? (C) 1e. 여러분의 삶, 학교, 마을, 세상 전반에 어떤 사회적 변화가 영향을 미쳤나요? (F)
2. 텍스트 속 아이디어는 집단을 행동으로 나아가게 하고 혁신적 변화를 가져오는 도발적 토론을 유발할 수 있다. (이해, 반응, 비평)	2a. 작가는 설득을 위해 어떤 문학적 기법을 사용하나요? (F) 2b. 무엇이 이 주제를 관련성 있게 만드나요? (F) 2c. 어떤 쟁점에 대한 자신의 태도를 알리기 위하여 작가는 어떤 문학적 기법을 사용하나요? (F) 2d. 현상 유지(status quo)란 무엇인가요? (F) 2e. 왜 현상 유지에 도전하나요? (C) 2f. 언제 현상 유지를 해도 괜찮을까요? (P) 2g. 갈등이란 무엇인가요? (F) 2h. 작가의 입장이 중립적일 때 텍스트를 어떻게 해석하나요? (C)
3. 많은 저자는 단어 선택, 목소리, 그리고 주제를 통하여 현상 유지에 도전하거나 타인을 설득하기 위하여 텍스트 속에서 갈등을 만든다. (생산, 이해, 비평)	3a. 이 이야기를 쓴 작가의 목적은 무엇인가요? (F) 3b. 인물이나 사람들의 행동이 어떻게 토론을 유발하나요? (C) 3c. 생산적 토론이 지니는 힘은 무엇인가요? (F) 3d. 토론에서 행동으로 나아가려면 무엇이 필요한가요? (C) 3e. 작가는 어떻게 변화가 일어나게 하나요? (C)
4. 한 주제에 대해 다양한 관점을 탐색하는 독자는 정보에 입각한 자세를 길러 개인적 편견을 드러내고 제거할 수 있다. (이해, 비평, 반응)	4a. 편견이란 무엇입니까? (F) 4b. 편견을 어떻게 발견하나요? (F) 4c. 다양한 견해를 어떻게 열린 마음으로 읽을 수 있나요? (P) 4d. 다양한 견해를 읽는 것은 의견 형성에 어떤 도움이 되나요? (C) 4e. 텍스트를 구성할 때 관점을 어떻게 고려하나요? (C)

5. 작가는 목적과 청중에 대한 지식을 바탕으로 설득력 있는 논거를 구성하고 형식을 갖춘다. (생산, 이해)	5a. 여러분은 열정을 쏟고 싶은 주제를 어떻게 고르나요? (F) 5b. 여러분이 선택한 형식과 장르가 쟁점을 어떻게 촉진하나요? (F) 5c. 여러분은 청중과 목적에 적합한 목소리를 어떻게 선택하나요? (F) 5d. 여러분의 특정 청중에게 어떤 형식이 가장 효과적인가요? (F) 5e. 다양한 텍스트 미디어에는 어떤 것이 있나요? (F)
6. 사람들은 사회적 행동을 통해 다른 사람들을 움직여 사회적 의무를 달성할 수 있다. (이해, 반응, 생산)	6a. 이 이야기 _____에서 사회 문제는 무엇이었습니까? (F) 6b. 무엇이 _____에 동기를 부여해 행동을 취하게 했나요? (F) 6c. 왜 _____은(는) 변화를 이루기 위해 저항에 기꺼이 직면하고자 했나요? (F) 6d. 사회적 행동이 변화를 끌어내는 최선의 방법이 아닌 경우는 언제인가요? (P) 6e. 세상에 사회 운동가가 필요한가요? (P)

범례(기대되는 수행)

생산: 텍스트 생산하기   이해: 텍스트 이해하기   비평: 텍스트 비평하기   반응: 텍스트에 반응하기

중요한 내용과 핵심 기능

중요한 내용	핵심 기능
텍스트 이해하기: • 저자의 글쓰기 목적 • 작가가 저자의 입장을 전달하고자 사용하는 문학적 기법 • 목소리가 관점에 영향을 미치는 방식 • 원인과 결과의 의미 • 사회 변화의 의미	**텍스트 이해하기:** • 추론하기 • 비판적 태도 취하기 • 결론 도출하기 • 편견 발견하기 • 두 개 또는 그 이상의 아이디어 요약하기 • 저자의 관점 해석하기(예: 저자는 찬성, 반대, 중립 중 어떠한 관점인가요?) • 연결하기 • 관점이 암시적일 때 추론하기
텍스트에 반응하기: • 집단 토의 규범 • 텍스트 증거의 중요성 • 다른 관점으로 폭 넓히기	**텍스트에 반응하기:** • 배경지식 활용하여 아이디어 뒷받침하기 • 인물의 행동, 관계, 태도, 동기에 대해 토론하기 • 사실과 의견 구분하기 • 해석을 뒷받침하는 텍스트 증거 인용하기 • 다른 사람의 말에 귀 기울이기
텍스트 비평하기: • 저자의 자질 • 편견의 의미 • 비판적 태도의 의미	**텍스트 비평하기:** • 판단하기 • 텍스트 미디어 비교하기 및 대조하기 • 다양한 관점 비교하기 및 대조하기 • 사실과 의견에 기반하여 비판적 태도 취하기 • 텍스트 내에서 사회적 행동 쟁점 파악하기 • 아이디어와 캐릭터 간의 관계 분석하기
텍스트 생산하기: • 글 속의 목소리 • 설득력 있는 편지 쓰기 • 청중에게 적합한 형식	**텍스트 생산하기:** • 관련성 있는 정보와 관련성 없는 정보 구분하기 • 후크(hook), 전환, 문장 유창성 같은 조직 전략 활용하기 • 적절한 규칙, 단어 선택 및 목소리 사용하기 • 정확한 출처 인용하기 • 주제에 대해 정보를 조사하고 수집하기 • 글쓰기에 사실 통합하기 • 목적에 맞는 구조와 장르 선택 • 요점 전달을 위하여 설득력 있는 기법 사용하기

학년 수준: 6
우리는 어떻게 세상을 변화시킬 수 있을까?

권장 타임라인	제안된 학습 경험 (교사는 … 할 수 있다)	평가 [제안 및 필수(**)]	개별화 (지원 및 확장)	자원
1~2주차	예상 가이드를 사용하여 사회적 행동에 대한 토론을 시작한다. 이 단원이 끝날 때 신념을 비교하기 위해 이것을 다시 살펴본다. 사회적 행동에 대한 정의를 브레인스토밍한다. EU#1 우려 또는 관심 사항에 대한 쟁점이나 주제를 파악하기 위하여 학급 설문 조사를 한다. 선택한 그림책 및 편집자에게 보낸 최신 편지를 큰 소리로 읽어 학생들이 사회적 행동 쟁점을 접하도록 한다. EU#1 학급에서 짧은 텍스트 읽기를 바탕으로 도표를 만들거나 사회적 행동인 것과 아닌 것이 무엇인지 토론한다. EU#1	빠른 쓰기** 학생이 예상 가이드에서 개인적으로 강렬한 느낌을 받은 서술 중 하나를 직접 선택한다. 학생은 선택한 빠른 쓰기에 응답한다(서면 응답). 학생은 사회적 변화를 정의해야 한다. 학생은 전체 학급/소그룹/짝 토론에서 응답을 공유한다.** 학생은 자신이 강렬한 느낌을 받은 예상 서술을 찾아 작성한다.**	바람직한 빠른 쓰기 응답 모델링하기 학생들은 아이디어를 명확히 하기 위해 일대일 또는 소그룹으로 활동해야 할 수도 있다. 본보기용 단어 벽 포스터를 전시한다. 질문을 다시 한다. 이전 학생들의 활동을 공유한다.	그림책: • 『마틴의 위대한 말』 • 『로우저 파크스』 • 『커다란 판야 나무』 • 『나에게는 꿈이 있습니다』 • 『건너편』 • 『마리안이 노래했을 때』 • 『불평쟁이 칼』 • 『루비 브릿지의 이야기』 • 『버쥐는 우리 소년들과 학교에 간다』 • 『투표함 전투』 • 『라이언과 지미 그리고 그들을 만나게 한 아프리카의 우물』 편집자에게 보내는 최신 신문의 편지 지구를 구하기 위해 어린이가 할 수 있는 50가지 간단한 실천 학생들이 선택한 소설에 대한 독서 토론 그룹: • 『19 슐레 지역의 버려진 사람들』 E. L. 쾨니히스베르거 저 • 『수로 미끄럼타기』 패트리샤 컬티스 피취 저 (T) • 『후트』 칼 히어슨 저 (T) • 『방류』 칼 히어슨 저 (T)

> 자원 범례:
>
> E: 쉬운(Easy)
> T: 연령에 일반적인(Typical)
> C: 도전적인(Challenging)
> MT: 멘토 텍스트(Mentor Text)

참고: EU는 영속적 이해(Enduring Understanding)를 의미하며, 일반화의 다른 용어이다.

	학생이 단어 벽 사회적 행동 어휘 포스터를 만들고 발표한다. EU#3 게시판을 활용하고 학생 작품을 전시한다. 비소설의 요소와 텍스트 구조를 재검토한다. EU#3, #5, #6	학생은 단어 벽 그림 포스터를 전시한다.**		• 『에드위나 빅토리어스』 수잔 보너 저 (E) • 『그레이스에게 의지하기』 엘리자베스 윈쓰롭 저 (T) • 『이크발』 프란시스코 다다모 저 (T) • 『검보 림보에서 사라진 악어*』 진 C. 죠지 저 (T) • 『빈센트 친과 나를 위한 하루』 재클린 터너 뱅크스 저 (T) • 『채워진 것』 에릭 월터스 저 (E) • 『로스트맨의 강*』 신시아 디펠리체 저 (C) • 『야구를 승리로 이끈 소년』 존 H. 리터 저 (T) * 절판 도서
3~6주차	학생이 선택할 텍스트를 소개하고 학생들을 협력적 읽기 토론 그룹에 배치한다. 학생이 글을 읽으면서 텍스트 내에서 사회적 행동 쟁점을 찾아내도록 요청한다. EU#2 학생이 초점 질문을 사용하여 문학 작품에 반응하도록 한다. 학생은 정기적으로 그룹으로 만나 초점 질문에 대해 짝, 소그룹, 직소, 어항, 대그룹 토론을 한다.	출구 쪽지 초점 질문을 사용하여 문학 작품에 반응 포스트잇 메모 모음	질문 다시 말하기 좋은 답변 모델링하기 집에서 읽을 추가 도서 〈야구를 승리로 이끈 소년〉 테이프 일대일 읽기 특수 교육(SPED) 및 소설 읽기 계획을 위한 교사 회의 수준별 총서	* 교사가 생각한 기타 선택 사항도 적절하다. 몇 가지 제안 사항은 다음과 같다. • 『창문』 • 『왕벌』 프랜시스 박, 진저 박 저 • 『벽 부수기: 리틀 록 아홉 명의 분투』 에일린 루카스와 마크 앤써니 저 미디어 전문 교사는 교사와 함께 학생의 관심사를 브레인스토밍한 목록을 사용하여 인터넷 자원 데이터베이스를 준비한다. 사설(멘토 텍스트)

	비즈니스 편지 양식을 안내한다. 독자를 식별할 수 있다 (미니 레슨). 1주차에 만든 앵커 차트로 된 설문 조사 쟁점 목록을 다시 방문하거나 목록을 추가할 수 있다.			
5~6주차	모델: 학급에서 학생회에 _____에 대한 편지를 쓴다.			
7~8주차	브레인스토밍을 통해 학생들에게 세계의 사회적 행동 쟁점을 파악하도록 한다. 데이터 수집이 특정 쟁점을 지지하는 데 어떻게 사용될 수 있는지 보여 주는 다양한 텍스트를 읽어 본다. EU#1, #5 파악된 쟁점을 둘러싼 찬반양론을 분명히 하는 T-차트의 사용법을 모델링한다. EU#4 설득하는 글쓰기의 세 가지 방식(modes)을 소개한다. 완전히 일방적	조사 수집을 위한 그래픽 조직자 및 T-차트** 전체 학급 또는 소그룹 토론 설득력 있는 종이 그래픽 조직자** 학생들은 초안을 완성할 것이다.** 편지를 활용한 설득하는 글쓰기 동료 편집 최종 설득하는 작품**	좋은 답변 모델링하기 질문 다시 말하기 논쟁을 뒷받침하는 자료나 정보를 찾기 위한 학생 조사용으로 확인된 웹사이트 텍스트에 활용된 '보편적 독자': 음성 지원 글쓰기 주제와 에세이의 표현 양식에 대한 학생 선택	본보기용 이전 학생 작품 여섯 가지 특성 참조 및 루브릭 교사 참고 사항: 이 과제의 목적은 영속적 이해 #2와 #5를 평가하는 것이다. 즉, 텍스트 내의 아이디어는 그룹을 행동으로 나아가게 하는 도발적 토론을 유발할 수 있다. 작가는 설득하려는 독자에 대한 지식과 그들의 목적을 바탕으로 텍스트를 구성하고 형식을 정한다. 『올리비아의 새』 올리비아 보울러 저	

인(낮은 수준의), 반대 의견을 고려하나 일방적인(기본 수준의), 양측 의견을 고려하는(높은 수준의) 방식이 있다. EU#2, #3, #5		그물, 플로차트 등과 같은 그래픽 조직자 사용	
연구 인용을 사용하는 방법과 비소설을 요약하는 방법을 포함하여, 우려 사항 또는 흥미로운 점에 대한 쟁점을 어떻게 조사하는지 모델링한다. EU#4		학생의 말을 받아써서 작성한 교사 지원 기록	
설득하는 편지의 요소를 가르친다. EU#2, #3, #5, #6		설득하는 글쓰기 평가 목록은 여섯 가지 특성과 세 가지 방식을 포함한다. 완전히 일방적인(낮은 수준의), 반대 의견을 고려하나 일방적인(기본 수준의), 양측 의견을 고려하는(높은 수준의) 세 가지 방식이 있다.	
필요에 따라 학생과 교사 간의 다양한 회의를 한다.			
여섯 가지 특성 평가 목록을 재검토한다.		편지 양식	
학생에게 동료 편집자의 역할과 긍정적이며 건설적인 비판의 중요성을 상기시킨다.			
학생이 최종안을 소그룹, 짝 또는 전체 학급에서 발표하도록 한다.			

우리는 어떻게 세상을 변화시킬 수 있을까?
사회적 행동 단원을 위한 수행 평가
편지

무엇: 학생은 쟁점 또는 관심사를 조사하고 다른 사람이 그 중요성을 납득하도록 설득하는 글을 작성합니다.

왜: 작가는 목적과 청중에 대한 지식을 바탕으로 텍스트를 구성하고 형식을 갖추며, 사회적 행동을 통해 사람들은 사회적으로 긴요한 의무를 달성하도록 다른 사람들을 움직일 수 있다는 것을 이해하기 위함이다.

어떻게:

배경: 여러분은 어떤 태도를 취한다는 것의 의미와 설득력 있는 주장을 뒷받침하기 위해 주요 사실과 다른 사람의 의견을 요약하는 것이 중요함을 파악했습니다. 여러분은 설득력 있는 글쓰기의 형식을 배웠고, 쟁점의 찬반양론을 나열하는 T-차트를 만드는 연습을 했으며, 목소리가 어떻게 작가의 태도를 전하는지 분석했습니다. 이제 여러분은 이러한 기법을 종합하여 열정을 쏟고 싶은 한 가지 쟁점이나 관심사에 관해 설득하는 글쓰기를 해 볼 것입니다.

과제: 지역 신문에 설득하는 편지를 작성하세요. 여러분의 글 속에 독자와의 격렬한 논쟁을 유발하는 토론 가능한 질문을 제기하고 사회적 행동에 대한 열망을 불러일으키세요.

독자: 지역 신문의 독자 및 여러분의 뜻을 지지해 줄 수 있는 사람들

절차:

1. 사회적 행동 주제에 관해 조사하세요.
2. 찬반양론을 파악하여 T-차트를 작성하세요.
3. 의견을 제시하세요.
4. 독자를 파악하세요.
5. 의견을 개진하는 데 사용할 관련 정보를 간략하게 요약하여 작성하세요.
6. 초안을 준비하기 위해 그래픽 조직자를 작성하세요.
7. 편지나 사설의 초안을 쓰세요.
8. 편집하세요.
9. 수정하세요.
10. 사실과 의견을 검토하고, 두 가지 모두에 대한 강력한 논거가 있는지 확인하세요.
11. 최종적으로 수정하세요.
12. 자신의 글쓰기를 스스로 평가하세요.
13. 독자의 강한 반응을 끌어내기 위해 사용된 특정 단어와 사실, 서식 선택 등에 대한 설명을 작성하세요 (창작 보고서).

글쓰기 루브릭

이름:	기간:	교사:	일자: _____
단원 최종 글쓰기 과제물: 우리는 어떻게 세상을 변화시킬 수 있을까? 설득하는 편지			

	4 탁월하게 과제 기대치를 충족함 **4 = 95*** * 4.5점 = 모든 범주에서 과제 기대치를 초과하는 수행을 한 경우 100점이 부여된다.	**3** 만족스럽게 과제 기대치를 충족함 **3 = 85**
아이디어	• 통찰력 있고 심도 있는 주요 아이디어, 주제 또는 줄거리 • 명확하고, 초점이 분명하며 설득력 있음 • 풍부한 세부 사항이 독자를 사로잡음	• 강력한 주요 아이디어, 주제 또는 줄거리 • 전반적으로 명확하고, 초점이 분명함 • 세부 사항은 주요 아이디어를 뒷받침함
	아이디어: • 입장이 명확하게 진술되어 있다. • 독자를 설득하기 위해 관련 사실을 포함한다. • 작가의 입장을 더 강력하게 만들고자 반대 주장을 인정한다.	
조직	• 지도와 같은 구조로 안내함 • 다양하고 만족스러운 전환 사용 • 잘 만들어진 후크와 도입부 • 생각을 촉발하는 '넘어서기' 및 '그래서 뭐?'	• 정돈된 구조 • 의도적 전환 사용 • 강력한 후크와 도입부 • 적절한 '넘어서기' 및 '그래서 뭐?'
	조직: • 가장 설득력 있는 이유가 전략적으로 배치되어 있다. • 결론은 독자가 행동을 취하고 싶게 만든다.	
목소리	• 생각과 감정이 열정적이며 설득력이 있음 • 어조가 의미를 강화함	• 생각과 감정이 주의를 끌며 풍부함 • 주제, 독자 및 목적에 적절한 어조
	목소리:	
단어 선택	• 일관되게 독자와 목적을 고려함 • 신중하고, 정확하며, 자연스럽고, 생생하며, 의미 있음 • 창의적이고 풍부한 언어 및 문학적 기법의 사용	• 독자와 목적을 고려함 • 논리적이며 의미를 강화함 • 언어와 문학적 기법의 효과적 사용
	단어 선택: • 단어 선택이 독자를 설득한다. • 주제와 연관된 어휘가 포함되어 있다. • 연구는 다른 말로 바꾸어 인용되었거나 직접 인용되었거나 간접 인용되었다.	
문장 유창성	• 의미를 강화하기 위하여 길이와 구조를 의도적으로 정함 • 흐름이 매끄럽고 자연스러움	• 다양한 길이와 구조 • 가독성이 높음
	문장 유창성:	
규범	• 문법과 철자, 구두점과 대문자 사용 등 가르친 규범을 거의 완벽하게 사용함 • 목적에 맞는 구두점이 의미를 강화함	• 문법과 철자, 구두점과 대문자 사용 등 가르친 규범에 사소한 오류가 거의 없음 • 몇몇 목적에 맞는 구두점이 의미를 강화함
	규범: • 비즈니스 편지 형식 • 인용 규칙 • 직접 인용구에 대한 구두점 규칙	
워크숍 절차	나는 미니 레슨, 개인적 성찰, 교사 또는 동료 회의의 피드백을 활용하여, 과정 전반에서 신중하게 글을 작성하며 섬세하게 가다듬고 조정한다.	나는 미니 레슨, 개인적 성찰, 교사 또는 동료 회의의 피드백을 활용하여, 과정 전반에서 글을 조정한다.
	워크숍 절차: 학생 자기 평가 전용	

출처: Pomperaug Regional School District 15, Middlebury/Southbury, CT.

2 과제 기대치에 근접하며 이해가 향상되고 있음 2 = 75	1 과제 기대치에 미달했으며 이해가 입증되지 않음 1 = 65
• 식별 가능한 주요 아이디어, 주제 또는 줄거리 • 독자에게 항상 명확히 전달되는 것은 아님 • 몇몇 훌륭한 세부 사항과 몇몇 일반적 사항이 섞여 있음	• 의문스러운 주요 아이디어 • 모호하고 두서없으며 혼란스러움 • 세부 사항이 부족함
아이디어: • 입장이 명확하게 명시되어 있다. • 독자를 설득하기 위해 관련 사실을 포함한다. • 작가의 입장을 더 강력하게 만들고자 반대 주장을 인정한다.	
• 불분명한 구조 • 일관성 없는 전환 사용 • 기본적 후크, 도입부 및 결론	• 구조가 명확히 보이지 않음 • 전환을 거의 사용하지 않음 • 약하거나 부족한 후크와 도입부 및 결론
조직: • 가장 설득력 있는 이유가 전략적으로 배치되어 있다. • 결론은 독자가 행동을 취하고 싶게 만든다.	
• 생각과 감정이 강렬할 때가 약간 있음 • 주제, 독자 및 목적에 그런대로 적합한 어조	• 생각과 감정이 밋밋하거나 누락 되었거나 부적절함 • 독자 또는 주제에 대한 고려가 부족함
목소리:	
• 때로 독자와 목적에 부합하지 않음 • 때로 언어와 문학적 기법을 효과적으로 사용하지만, 모호하거나 밋밋하거나 과도함(유의어 사전 과사용)	• 독자에 대한 고려가 없음 • 반복적임 • 언어와 문학적 기법의 비효율적 사용, 모호하거나 밋밋하거나 또는 과도함(유의어 사전 과사용)
단어 선택: • 단어 선택이 독자를 설득한다. • 주제와 연관된 어휘가 포함되어 있다. • 연구는 다른 말로 바꾸어 인용되었거나 직접 인용되었거나 간접 인용되었다.	
• 길이와 구조에 약간의 다양성이 있음 • 약간의 반복과 어색한 부분이 있음	• 반복적 길이와 구조 • 어색하고, 읽기 어려우며, 장황한 문장 및 부분이 있을 수 있음
문장 유창성:	
• 유창성을 방해하지 않는 몇몇 구두점 및 대문자 사용 오류 • 의미에 지장을 주지 않는 일부 문법 및 철자 오류	• 규범 오류가 아이디어에 관한 효과적 의사소통을 막음
규범: • 비즈니스 편지 형식 • 인용 규칙 • 직접 인용구에 대한 구두점 규칙	
나는 과정 전반에서 미니 레슨과 교사 또는 동료 회의의 피드백을 고려해 글을 일부 수정한다.	나는 나의 글 수정을 돕기 위한 교사 또는 동료 회의의 제안에 거의 주의를 기울이지 않는다.
워크숍 절차: 학생 자기 평가 전용	

6학년 학생들은 어떻게 다른 사람들이 세상을 더 나은 곳으로 만들기 위해 애쓰는 지 배우고 자신이 지지하는 주장을 찾아내며 이 단원에 대단히 열광했다. 나는 이 단원이 진행되는 교실을 둘러보았는데 학생들의 열의와 사고력, 집중력이 매우 높아서 그들은 교실 안의 방문객을 거의 알아차리지 못했다. 학생들의 대화를 가만히 들어보면 개념과 이해에 대한 열띤 토론을 들을 수 있다. 학생들의 활동을 관찰하면, 학생들이 배우고 있는 기술과 과정이 그들 자신의 관련된 맥락 속에서 적용되는 것을 볼 수 있다. 이런 교실의 교사들은 '교육이 갖추어야 할 모든 것'의 표본이 되는 학습 환경을 조성하였다. 여러분은 제안된 학습 경험의 상당수가 단원의 여러 일반화를 다루고 있음을 알 수 있다(영속적 이해는 이 교사들이 채택한 용어이다). 이는 언어 교과의 다양한 과정 간에 호혜를 활용하는 훌륭한 수업 방법이다. 더불어 이 단원은 워크숍 프레임워크를 사용하므로 학생 대화, 텍스트 선택, 그리고 과제 협업 외에도 전체 그룹, 소그룹 및 개별화 수업을 위한 다양한 기회가 있다. 단원의 최종 평가에 특히 주목해 보라. 학생들이 과제가 끝날 때 작성하는 '창작 보고서'는 그들이 다시 돌아가서 글을 쓰며 선택한 바를 성찰하도록 하고 설명을 통하여 사고를 가시화하도록 한다. 이를 통해 과제가 평가하려는 일반화에 미치지 못했는지 확인할 수 있다. 우리는 제8장에서 너무나도 자주 논의한 '구덩이'에 빠지며, 평가 설계가 할당된 과제에 나타나는 '무엇'과 '왜'에 대한 학생의 개념적 이해를 평가하는 지점에 이르지 못한다.

고등학교 언어 교과 단원 사례

마지막으로 고등학교 단원 사례로 옮겨 가고자 한다. [그림 9-3]에 제시된 이 사례는 코네티컷주 뉴타운에 있는 뉴타운 고등학교에서 가져온 것이다. 오늘날 세계에 범람하는 정보와 잘못된 정보를 고려하면 이 단원의 중요성은 아무리 강조해도 지나치지 않다.

조종당한다는 생각이 들면 반응하지 않을 사람이 있을까? 학생들이 이 단원의 중요한 개념과 과정을 학습하는 동안 이 단원을 설계한 교사는 개념적 아이디어를 사용하여 그들의 흥미를 불러일으켰다. 안내 질문은 일반화와 밀접하게 연관되어 있고, 학생의 사고를 일반화를 향해 점진적으로 안내하며, 각기 다른 질문 유형에 걸쳐 다양화되어 있다. 핵심 기능은 이 단원이 끝날 때까지 숙달하리라 기대하는 국가공통핵심기준을 나타낸다. 여러분은 중요한 내용과 일반화의 대부분이 식별된 성취기준을 뒷받침하고 관련성을 가짐을 알게 될 것이다. 이 교사들은 언어 교과 부서에서 정기적 모임을 하므로 협력적으로 교수 설계를 하여 단원이 끝날 때까지 수업이 단원의 일반화, 중요한 내용 및 핵심 기능을 모두 다루도록 보장할 수 있다.

K-12 언어 교과 교육과정

학년: 9

단원명: 진실의 원천을 찾아서

[그림 9-3] **고등학교 개념 기반 언어 교과 단원 사례**

학년 수준: 9

단원명: **진실의 원천을 찾아서**

개념적 렌즈: **편견 또는 진실**

텍스트 이해하기:
- 사실과 인식 비교하기
- 개인적 편견 또는 사람들의 동기
- 설득 기법
- 단어 선택
- 태도, 신념 및 가치
- 문화, 시간 및 사회적 맥락
- 언어
- 조종(Manipulation)

텍스트에 반응하기:
- 개인적 편견
- 타인의 반응
- 시각적 수사법의 영향
- 개인적 성찰

단원명:
진실의 원천을 찾아서

텍스트 생산하기:
- 최선의 행동 방침
- 허위 사실 또는 허위 진술에 대한 반응
- 설득하는 에세이
- 시각적 수사법
- 조사 기반 산출물
- 수정 과정
- 쓰기 규범
- 청중

텍스트 비평하기:
- 출처의 신뢰성
- 저자의 편견
- 미디어 기법 분석
- 설득 기법의 효과성

학년 수준: 9

단원명: 진실의 원천을 찾아서

개념적 렌즈: 편견 또는 진실

단원 개요(학생들에게 단원 학습을 소개하는 매력적인 요약)

누구를 믿어야 할지 어떻게 알 수 있나요? 어떤 텍스트가 다른 텍스트보다 더 신빙성 있는 이유는 무엇일까요? 설득의 도구는 언제 조종의 도구가 되나요? 이 단원에서는 모든 텍스트가 각기 다른 기법으로 우리를 조종하려 한다는 아이디어를 탐색할 것입니다. 이러한 기법을 더 잘 알게 되면 우리는 조작으로부터 영향을 덜 받게 되고, 말이든 이미지든 다른 사람을 조종하는 기법을 사용하는 데 더 능숙해집니다. 지역 교육구 15 언어 교과 교육과정은 교차 점검되었으며 국가공통핵심기준에 부합합니다.

이 단원에서는 코네티컷주 국가공통핵심기준(CCSS)을 다룬다.	
이 단원의 핵심 기능 부문에서 국가공통핵심기준의 성취기준을 참조할 수 있다.	

학년 수준: 9
단원명: 진실의 원천을 찾아서

일반화	안내 질문 (F = 사실적, C = 개념적, P = 논쟁적)
1. 저자는 청중을 통제하기 위하여 의도적으로 텍스트의 구성 요소를 교묘히 다룬다.	1a. 작가가 독자의 인식을 통제하려는 이유는 무엇인가요? (P) 1b. 독자는 어떻게 조종당하지 않도록 경계할 수 있나요? (C) 1c. 텍스트 _____에서 저자는 어떤 설득 기법을 사용하나요? (F) 1d. 작가의 편견은 의미에 어떤 영향을 미치나요? (C) 1e. 신뢰할 수 있는 출처와 신뢰할 수 없는 출처의 차이점은 무엇인가요? (F) 1f. 사람들은 출처의 관련성과 신뢰성을 어떻게 평가하나요? (F) 1g. 왜 작가는 글쓰기 규범을 교묘하게 다루나요? (P)
2. 사회적 맥락과 권위적인 목소리는 종종 편견을 퍼뜨린다.	2a. 편견의 정의는 무엇인가요? (F) 2b. 시간이 지남에 따라 한 주제에 대한 생각이 어떻게 변하나요? (C) 2c. 사회적 관습이 어떻게 편견으로 이어지나요? (C) 2d. 누군가를 권위자로 만드는 것은 무엇인가요? (C)
3. 매체는 효과적 설득 기법을 제시한다.	3a. 설득의 정의는 무엇인가요? (F) 3b. 설득 기법이란 무엇인가요? (F) 3c. 설득 기법이 각각 다른 매체에 어떻게 적용될 수 있나요? (C) 3d. 논증에 효과적인 구조는 무엇인가요? (F)
4. 담론은 참가자가 본래의 생각을 심화시키고 수정할 수 있게 한다.	4a. 설득에 있어서 담론은 어떤 역할을 하나요? (F) 4b. 생각을 수정하는 것이 왜 필요한가요? (C) 4c. 토론에 대한 준비성이 그룹 내 다른 사람들에게 어떤 영향을 미치나요? (F) 4d. 상호 평등한 토론에서 환경, 정해진 시간 및 개인의 행동 양식은 어떻게 경험을 제약하거나 강화하나요? (C)

5. 저자는 윤리적 선택을 통해 신뢰성을 드러낸다.	5a. 윤리적 선택이란 무엇인가요? (F)
	5b. 저자의 선택은 본인의 신뢰도에 어떤 영향을 미치나요? (C)
	5c. 신뢰할 수 없는 목소리 또는 출처를 사용하는 것이 공정하거나 윤리적인가요? (P)
6. 깊이 있는 텍스트 분석은 독자와 저자의 편견을 드러낼 수 있다.	6a. 개인적 편견이 어떻게 반응을 통제하나요? (C)
	6b. 어떻게 자기 인식을 하게 되나요? (C)
	6c. 어떻게 개인적 편견이 이해와 선택에 영향을 주나요? (C)
	6d. 왜 저자의 편견에 관하여 관심을 가져야 하나요? (C)
	6e. 편견을 관리하는 데 있어 독자와 작가 중 누가 더 큰 책임이 있나요? (P)
7. 쓰기와 말하기 규범 준수하기와 같은 수정 과정은 메시지를 강화한다.	7a. 수정이 중요한 이유는 무엇인가요? (C)
	7b. 독자의 반응을 구하는 것이 글쓰기를 어떻게 향상시키나요? (C)
	7c. 수정은 항상 필요한가요? (P)
8. 이전 관점과 새로운 관점을 조화시키면 이해도가 높아진다.	8a. 새로운 통찰로 희생되는 것은 무엇인가요? (P)
	8b. 이전 관점이 어떻게 새로운 것을 이해하는 데 방해가 될 수 있나요? (C)
	8c. 제한된 배경이 어떻게 오해를 지속시키고 더 큰 조종의 기회를 만들 수 있나요? (C)

중요한 내용 및 핵심 기능

중요한 내용 학생들은 ……을/를 알게 될 것이다.	핵심 기능 학생들은 ……을/를 할 수 있을 것이다.
텍스트 이해하기: • 편견의 정의와 편견이 독자에게 미치는 영향 • 설득 기법(추천사, 밴드왜건, 통계학, 평범한 사람인 척하기, 숨은 뜻이 있는 말, 미끼 상술, 화려한 추상어, 유머) • 외연과 내포의 차이와 저자가 단어 선택을 통해 메시지를 형성하는 방법 • 의미에 영향을 미치는 렌즈(태도, 신념, 가치, 문화, 시간, 사회적 맥락) • 추론의 역할	**텍스트 이해하기:** RI.9-10.2. 어떻게 핵심 아이디어가 나타나며 세부 사항에 의해 다듬어지는지 텍스트의 핵심 아이디어를 알아내고 텍스트 전반에서 그 전개를 분석한다. RI.9-10.4. 단어와 구가 텍스트에서 사용될 때 비유적, 함축적, 기술적 의미를 포함하여 그 의미를 알아낸다. 특정 단어 선택이 의미와 어조에 미치는 누적 효과를 분석한다(예: 법원 의견의 언어가 신문의 언어와 어떻게 다른지).
텍스트에 반응하기: • 텍스트에 반응하기 위한 전략 • (포스트잇 메모, 기록 보기 등) • 시각적 수사법 • 개인적 편견	**텍스트에 반응하기:** W.9-10.2. 주제의 복잡성을 다루기 위해 정확한 언어와 영역 특정적 어휘에 반응한다. W(HST).9-10.2.a. 주제를 꺼내며 아이디어, 개념, 정보를 조직하여 중요한 연결짓기와 구별하기를 한다. 이해를 돕는 데 유용한 서식 설정(예: 제목), 그래픽(예: 그림, 표), 멀티미디어를 포함한다. W.9-10.1.c. 텍스트의 주요한 부문에 연결되는 단어, 구, 절을 사용하여 응집력을 만들며, 주장과 근거 간, 근거와 증거 간, 주장과 반박하는 주장 간의 관계성을 명료화한다.
텍스트 비평하기: • 타당한 출처를 만드는 요소 • 설득 기법이 목적의 효과성에 영향을 미치는 방식 • 조직 전략 • 관점 • 수사법: 에토스(ethos), 파토스(pathos), 로고스(logos), 단어 선택, 통사론, 문장 다양성, 조직	**텍스트 비평하기:** RI.9-10.3. 의견을 밝히는 순서, 의견을 내고 전개하는 방법, 의견들을 이어주는 연결성을 포함하여, 저자가 어떻게 분석이나 연속된 아이디어 또는 사건을 펼쳐 내는지 분석한다. RI.9-10.2. 어떻게 핵심 아이디어가 나타나며 세부 사항에 의해 다듬어지는지를 포함하여, 텍스트의 핵심 아이디어를 알아내고 텍스트 전반에서 그 전개를 분석한다. 텍스트에 관한 객관적 요약을 제공한다. RI.9-10.5. 특정한 문장, 문단 또는 텍스트의 더욱 큰 부분에서 저자의 아이디어와 주장이 어떻게 전개되고 다듬어지는지 구체적으로 분석한다(예: 섹션 또는 장).

	RI.9-10.6. 텍스트 내 저자의 관점 또는 목적을 알아내고 저자가 어떻게 수사법을 사용하여 관점 또는 목적을 진전시키는지 분석한다. RI.9-10.7. 다양한 매체에서 드러나는 하나의 주제에 관한 설명을 분석하고, 각각의 설명에서 어떤 세부 사항이 강조되는지 알아낸다(예: 인쇄물과 멀티미디어 양쪽 모두에 담긴 한 사람의 삶의 이야기). RL.9-10.6. 문학 작품에 반영된 특정한 관점이나 문화적 경험을 분석한다.
텍스트 생산하기: • 글쓰기 및 수정 과정의 개별 단계 • 수사법이 타당한 논증을 구축하는 방식 • 선택한 목적에 가장 효과적인 조직 패턴 • 주장과 반박하는 주장의 의미 • 주장을 뒷받침하고 발전시키는 적절하고 충분한 증거란 무엇인지	텍스트 생산하기: RI.9-10.1. 강력하고 철저한 텍스트 증거를 인용하여 텍스트가 명시하는 바를 분석하고 텍스트에서 추론을 끌어내도록 뒷받침한다. RI.9-10.8. 추론이 타당하며 증거가 적절하고 충분한지 가늠하여 논증과 구체적 주장을 기술하고 평가한다. 거짓 진술과 잘못된 추론을 밝혀낸다. RI.9-10.2. 어떻게 핵심 아이디어가 나타나며 세부 사항에 의해 다듬어지는지를 포함하여, 텍스트의 핵심 아이디어를 알아내고 텍스트 전반에서 그 전개를 분석한다. 텍스트에 관한 객관적 요약을 제공한다. RL.9-10.7. 각 논의법에서 강조되거나 부재하는 점을 포함하여 서로 다른 두 가지 예술적 매체에서 주제 또는 주요 장면의 묘사를 분석한다(예: 시 〈미술 박물관〉 오든 저 및 그림 〈이카루스의 추락 풍경〉 브뤼겔 작). W.9-10.1. 실질적 주제 또는 텍스트를 분석할 때 타당한 추론과 적절하고 충분한 증거를 사용하여 주장을 뒷받침하는 논거를 작성한다. • 정확한 주장을 내놓으며, 대안적이거나 맞서는 주장과 구분하고, 주장, 반박하는 주장, 근거, 증거 간의 명확한 관계를 설정하는 조직을 만든다. • 독자의 지식 수준과 관심사를 예상하는 방식으로 주장과 반박하는 주장 모두의 강점과 한계점을 짚어 내고 각각의 증거를 제공하며 주장과 반박하는 주장을 공평히 전개한다. • 제시된 논거를 따르며 이를 뒷받침하는 종결 서술 또는 섹션을 제공한다. W.9-10.4. 과제, 목적, 독자에게 적합한 전개, 조직, 표현 양식을 갖춘 명확하고 조리 있는 글을 작성한다. W.9-10.5. 특정한 목적과 독자에게 가장 중요한 내용을 다루는 데 집중하며, 필요에 따라 계획하기, 수정하기, 편집하기, 재작성하기 또는 새로운 접근법 시도하기를 하며 글을 발전시키고 강화한다.

최종 수행 과제

무엇? 학생들은 편견이 진실에 어떤 영향을 미치는지 조사할 것입니다.

왜? 저자는 청중을 통제하고자 의도적으로 텍스트의 구성 요소를 교묘히 다룬다는 것을 이해하기 위해서

어떻게?

우리가 설득의 예로 검토한 텍스트를 다시 살펴보세요.

해당 글의 설득 효과를 평가해 보세요.

저자가 청중을 통제하기 위해 사용한 전략을 종합하고, 이러한 기법을 사용하여 자신만의 설득하는 글을 독창적으로 써 보세요.

여러분이 글에서 사용한 특정한 전략과 독자에게 미칠 것으로 예상되는 효과를 서술하여 분석하세요.

저자: Kathy Swift, Cathy Sosnowski, and Abigail Marks, Newtown High School
출처: Newtown Public Schools, Newtown, CT

🕮 요약

우리는 학생 학습을 가속화하는 교사 모델링의 중요성을 알고 있다(Lanning, 2009). 또한 구체적이며 실제적인 예는 학습과 이해를 지지하는 필수적 역할을 한다. 이 책은 제2장에서 최종 결과를 생생히 그려내며 개념 기반 언어 교과 교육과정을 소개하고자 이러한 교육과정 설계가 실제로 추구하는 바를 예로 들었다. 이어지는 장에서는 본보기로서 개념 기반 언어 교과 단원의 개별 구성 요소에 대한 다양한 예가 삽입되었다. 우리는 다양한 이유로 예를 연구하며 많은 것을 배운다. 예시는 사고의 발판이 되고, 우리의 작업이 옳은지 아닌지 확인하는 데 도움이 되며, 새로운 지식을 소화하는 데 따르는 정신적 부담의 경감을 일부 돕는다.

교육자들이 그들의 작업을 기꺼이 공유해야 우리의 전문적 공동체는 강화된다. 그러한 공유가 늘 하기 쉬운 일은 아니다! 우리는 모두 우리가 한 일이 공개되고 자세히 검토되며 본보기로 제시되기 위해 '완벽'해야 한다고 걱정한다. 커리큘럼을 작성하는 데 있어 완벽이란 절대 존재하지 않는다. 교육과정 작업을 얼마나 많이 검토하고 편집하든 절대 '끝'이 없다. 작업 세션 하나가 끝날 당시에는 '아름답다'라고 생각했던 단원도 "우리가 무슨 생각을 하고 있었던 것이지?" "어떻게 저걸 놓칠 수 있었을까?"라고 감탄사를 터뜨리며 다시 논의되는 경우가 흔하다.

이 모든 것이 교육과정 작성의 복잡한 과정의 일부이므로 개념 기반 언어 교과 교육과정을 처음 접하는 사람들에게 큰 도움이 될 것임을 알고 자발적으로 단원 예시 지원에 나선 전문가들에게 박수를 보내며 진심 어린 감사의 말씀을 전한다. 연습은 전문성 개발에 중요한 역할을 하지만, 더 깊은 이해를 돕는 예시가 있다면 개념 기반의 작성 과정 전반에서 품질이 향상된다. 저자는 교실에서 '생각하는 문화'를 만들기 위해 모험을 떠나는 여러분의 도전 정신에 찬사를 보낸다. 여러분의 작업을 다른 사람과 공유하며 성찰과 협업을 통해 계속해서 기술을 정련하길 바란다.

제10장

현장의 목소리

    교육자들은 다양한 교육과정 선택에 직면하고 있다. 언어 교과(English Language Arts: ELA) 국가공통핵심기준(CCSS)이나 기타 기준을 충족하도록 학생들을 돕고자 개념 기반 설계를 적용하려는 결정은 언어 교과 교육과정의 수정과 개정에 관여된 모든 이해관계자가 고려해야 할 문제이다. 제대로 된 개념 기반 교육과정과 수업은 궁극적으로 매우 긍정적인 학생 수행 결과와 교사의 전문적 만족도 향상으로 이어지리라 믿는다. 언어 교과 개념 기반 교육과정을 작성하고 실행하는 과정을 경험한 이들의 목소리가 이 책에 가장 좋은 맺음말이 되어 줄 것이다. 이 장에서 여러분은 이처럼 어려운 일을 해낸 교육장, 여러 교장들, 언어 교과 부장, 8학년 교사 그리고 초등 언어 교과 컨설턴트의 얘기를 듣게 될 것이다.

    코네티컷주 노스 해븐 공립학교들의 교육장이자 교육과정과 수업을 진정으로 핵심 가치라 여기는 리더인 로버트 크로닌(Robert Cronin)과 소속 교장 중 하나인 메리 페데리코(Mary Federico)의 공동 성찰로 서두를 열고자 한다. 메리는 몬토웨즈 초등학교의 모범적 교장이며, 개념 기반 교육과정을 연구하는 교육구의 문해력 리더들과 협력적으로 일했다. 나는 두 사람에게 교육구가 개념 기반 언어 교과 교육과정 작성에 전념하게 된 이유를 되짚어 보도록 요청했다. 그들은 다음과 같은 말을 전했다.

우리 교육구는 모든 학생이 학업 성취도를 지속적으로 높이도록 전념합니다. 우리는 몇 가지 중대한 방식으로 이 과업에 접근해 왔습니다. 학년 수준을 가로지르는 일관성의 중요함을 알기 때문에 우리는 특히나 K-12 시스템을 위한 교육과정을 설계하고 싶었습니다. '잔뜩 연습'만 하여서는 진정한 효과를 낼 수 없었습니다. 그 때문에 개념 기반 교육과정은 우리의 철학에 가장 잘 부합합니다.

교육구 행정 협의회는 책 『How People Learn』을 읽고 논하는 데 지난 5개월을 할애했습니다. 개념 기반 교육과정의 아이디어는 우리가 읽고 논의한 아이디어에서 많은 것을 운용할 수 있게 했습니다. 모든 학생이 각 학년에서 알고 할 수 있어야 하는 기준은 계속 높아지는데, 개념 기반 교육과정은 우리가 각 학습 단원과 매일의 수업을 통해 이를 다루고 있다고 확신하게끔 교수와 학습에 집중하는 방안을 제시해 주었습니다.

유치원부터 5학년을 위한 새로운 언어 교과 교육과정 개발에 착수하며, 초등 4개교와 중학교를 대표하는 10명의 교육구 문해력 리더들은 개념 기반 교육과정의 철학에 대하여 공통된 이해를 확립하도록 고안된 전문성 개발 연수를 꼬박 4일간 받았습니다. 4일간의 연수를 통해 우리 그룹은 더욱 결속력을 갖게 되었고 이러한 개념들을 받아들이게 되었습니다. 이는 사람들이 교육구 내에서 자신을 읽기 교사가 아닌 '문해력 리더'라고 여기게 되도록 이 그룹 내에서 리더십 기술을 쌓는 시작점이 되었습니다. 참가자들은 연수 후 한 그룹으로 모여 각 학년 수준에서 '받아들이는' 용량을 어떻게 키울 것인지 전략을 세우기 시작했습니다. 그들은 각 학교에서 유치원부터 5학년을 대표하는 교과 교사들을 신중히 뽑았습니다. 선발된 교사들은 '문해력 리더'가 학습 전반을 이끄는 가운데 개념 기반 교육과정을 배우고자 훈련에 이틀을 온전히 할애했습니다. 해당 교사들은 매월 하루씩 모여 공통 양식을 사용해 학년 수준에 맞는 학습 단원 작성을 시작하고 새로운 교육과정 문서에 그들이 배운 개념 기반의 개념들을 적용하고자 계획했습니다.

우리 교육구의 초등학교 교사들은 독자 워크숍 모델을 사용하여 언어 교과 국가공통핵심기준에 부합하며 가르침을 안내하는 언어 교과 교육과정을 갖게 되어 기뻤습니다.

> 우리는 교사들에게 철저한 언어 교과 교육과정은 시간이 오래 걸린다는 점을 알려 주고 싶었습니다. 이런 유형의 교육과정 작성이 우리 교직원들의 사고를 크게 전환했습니다.

우리는 교사들에게 철저한 언어 교과 교육과정은 시간이 오래 걸린다는 점을 알려주고 싶었습니다. 이런 유형의 교육과정 작성이 우리 교직원들의 사고를 크게 전환했습니다. 우리는 주요 이정표와 추천 시기를 갖춘 진행 계획을 신중히 작성하고 있습니다. 올해의 목표는 유치원부터 5학년까지 학년마다 하나의 학습 단원을 작성하는 것입니다. 내년에는 각 학년이 이 학습 단원 하나를 시도할 것이며, 교육구는 개념 기반 교육과정의 철학, 읽기 워크숍 모델을 교실 실천에 접목하는 방안, 글쓰기를 효과적으로 가르치는 방안에 대한 전문성 개발 연수를 모든 교사에게 제공할 것입니다. 시범 운영의 해 동안 우리는 개념에 관한 깊이 있는 이해를 촉진하고 언어 교과 학습 단원을 시행할 교사들을 확실히 지원하기 위하여 교육과정을 조정하고 수정할 것입니다.

교사 그룹과 함께 작업하도록 선정된 초등학교 교장으로서, 교육과정 문서를 생산하여 학생들이 향상된 성과를 거두며 비판적으로 사고하는 사람이 되도록 돕고 있기에 저는 우리 학구가 올바른 방향으로 나아가고 있다고 믿습니다. 특히 우리 교사들이 이러한 교육과정 작성 방안을 수용하는 모습을 지켜보며 저는 이 작업에 대하여 강한 확신을 하게 되었습니다.

우리는 개념 기반 교육과정이 학생들에게 큰 가능성을 보장한다고 믿습니다. 개념 기반 교육과정은 그들이 개념과 아이디어를 더욱 깊이 있게 들여다보게 할 뿐만 아니라 학교 안팎에서의 성공을 위해 필요한 21세기 기술을 가장 잘 제공하기 위해 그것이 꼭 필요하다고 우리는 확신합니다. 학습한 모든 내용으로 미루어 볼 때 개념 기반 교육과정은 우리가 추구하는 학생 성취도 향상을 끌어낼 것입니다.

다음은 코네티컷주 뉴타운의 뉴타운 고등학교 언어 교과 부장인 캐시 소스노스키 (Cathy Sosnowski)의 성찰이다. 내가 캐시를 처음 만났을 때 나는 그녀가 교육과정 작성에 있어서 탄탄한 경력을 지녔으며 개념적으로 사고하는 사람임을 즉시 알 수 있었다. 그녀는 뚜렷한 교과 전문성이 있었고 늘 전심전력을 다 하였다. 언어 교과 개념 기반 교육과정 학습에 관한 그녀의 간결한 요약은 많은 것을 말해 준다.

연수를 마치고 집으로 돌아오는 날마다 나는 개념 기반 학습을 고려하며 그것이 교육과정에 관한 내 지식과 어떻게 조화를 이루는지 생각했습니다. 학생들이 핵심 질문 (essential questions)에 집중하도록 하는 유사한 교육과정 설계 모델도 좋았지만 나는 기술과 개념을 어떻게 다루어야 할지 종종 막막함을 느꼈습니다. 인정하기 부끄럽지만 젊은 교사로서 나는 그냥 그것들을 다루지 않았습니다. 우리는 모두 큰 그림에만 집중하고 세부 사항에 소홀했습니다. 아이들이 생각을 하긴 했지만, 탄탄한 기술이 부족한 채 생각했던 것입니다.

다른 작성자가 제시하는 기준을 엄격히 사용하며 나는 다른 방향으로 나아갔습니다. 나는 개념과 기술을 분명히 표현했고 그것을 측정할 수 있었습니다. 나는 그런 것에 중점을 뒀습니다. 큰 관점에서 생각해 보자면 핵심 질문과의 씨름이 내가 만든 자료로 인해 길을 잃게 된 것입니다. 아이들은 우리가 우선순위를 부여한 기술을 눈에 띄게 발전시켰지만 생각하는 능력과 생각을 지원하는 능력을 그다지 강력하게 갖추지 못했습니다.

학문적 골디락스(goldilocks)처럼 나는 너무 폭넓은 설계(design)에서 너무 좁은 설계로 이동했습니다. 개념 기반 교육과정에서 나는 '딱 적절한' 지점을 찾은 것 같습니다. 이것은 핵심적 일반화를 중심으로 내가 더 깊이 파고들어 비판적이며 독립적 사고를 하도록 촉진하면서도 그 일반화에 이르는 길이 특정한 과정과 기술로 이뤄져 있음을 유념하게 합니다.

> 학문적 골디락스처럼 나는 너무 폭넓은 설계에서 너무 좁은 설계로 이동했습니다. 개념 기반 교육과정에서 나는 '딱 적절한' 지점을 찾은 것 같습니다.

언어 교과는 수학이나 과학처럼 계열성을 따르는 교과가 아니기 때문에 어려운 경기와도 같습니다. 읽기, 쓰기, 말하기, 듣기 및 언어는 동시에 일어나며, 이런 이질적 특성이 언어 교과의 가장 중요한 측면입니다. 그래서 나에게 단원 설계를 위한 출발점 선택은 가장 큰 난관으로 다가왔습니다. (국가공통핵심기준을 참고하여) 어떤 기술과 개념이 논의될 필요가 있는지 고려함으로써 나는 언어 교과 개념 기반 교육과정의 힘을 극대화할 수 있었습니다.

뉴타운 공립학교의 초등 언어 교과 컨설턴트인 메리 블레어(Mary Blair)는 개념 기반 교육과정을 작성한 경험을 공유한다. 메리는 내가 만나 본 가장 부지런하고 사려 깊은 교사 중 한 명이다. 그녀의 이야기는 익숙하고 편안한 것에서 벗어나 새로운 가능성을 고려하는 데 필요한 솔직한 통찰을 제공한다.

개념 기반 언어 교과 학습 단원(units of study)에 관한 3일간의 전문성 개발 연수 첫날에 저는 무엇을 기대해야 할지 전혀 몰랐습니다. 학습 단원에 대해 들어 본 적은 있지만, 내용 영역(content-area) 학습이 떠올랐지 언어 교과는 아니었습니다. 초등 언어 교과 컨설턴트, 교육구 동료들과 함께 앉아 노트북을 열자마자 저는 지금까지 참여한 것 중 가장 큰 깨우침을 받으며 도전적인 교육과정 프로젝트에 착수하게 될 것을 곧 깨달았습니다.

전통적으로 뉴타운에는 코네티컷주 성취기준에 기반하며 연중 매월에 대한 범위와 계열을 적용한 교육과정 지도가 있습니다. 각각의 초등학교는 적절성을 판단하며 학교가 원하는 작가, 텍스트, 자원을 얼마든지 사용하여 이러한 성취기준과 목표를 자유롭게 다룰 수 있었습니다. 대부분의 교육과정은 이 교육구의 초등학교 네 곳에서 비슷하게 진행되었으나 항상 그런 것은 아니었습니다. 우리 교육과정을 개념 기반으로 생각하는 것은 지식의 깊이를 더해 주고 읽기와 쓰기 사이의 연결을 보장해 주며 상당한 차별성을 가져왔습니다.

최근 네 개 초등학교 간의 일치를 추구하는 노력이 있었기에 개념 기반 단원 도입은 더욱 시의적절해졌습니다. 또한 국가공통핵심기준은 교육구가 우리 교육과정을 새롭게 하고 강화하며 재조직하는 기회를 제공하고 있습니다. 이는 마치 별들이 정렬된 것 같습니다.

> 학습 단원의 제목을 선정하는 데 도움이 된 한 가지는 각 초등학교에서 이미 가르치고 있는 단원을 분석하는 것이었습니다.

학습 단원의 제목을 선정하는 데 도움이 된 한 가지는 각 초등학교에서 이미 가르치고 있는 단원을 분석하는 것이었습니다. 이 정보를 얻게 되자 중복과 공백을 쉽게 식별할 수 있었고, 개념 기반 교육과정에 적합하며 시스템 전반의 일관성을 높여 주는 잠재적 단원으로 된 교육구의 지도를 만들기에 수월해졌습니다. 단원의 개념적 렌즈에 대해 생각하는 것은 또 다른 문제였습니다. 몇 달 후에도 우리는 렌즈와 심지어 단원명까지 계속 변경을 하였습니다. 그러나 단원 자체는 변함없이 유지되었습니다. 해마다 단원을 구축할 수 있도록 중 · 고등학교 교사들과도 대화를 나누었습니다. 우리는 모두 학생들이 오늘날 빠르게 변화하는 세계에서 경쟁하는 데 필요한 기술을 갖추고 고등학교를 졸업할 수 있도록 서로 지원해야 합니다.

개념, 일반화, 초점 질문, 그리고 개념적 렌즈에 대해 배우는 초기 단계는 상당히 압도적이었습니다. 교육과정을 이같이 삼차원적 방식으로 구상하는 것은 학생들이 학습하여 상황 간, 학문 간에 전이할 수 있길 바라는 지식과 복잡한 과정에 대해 생각하길 요구합니다. 개념 기반 단원의 형식 역시 매우 다릅니다. 이 형식은 더 상세하며 간결합니다. 그러나 모든 교육과정 기대치와 자원이 같은 곳에 있기에 새로운 교사들조차도 단원을 쉽게 이해하고 실행할 수 있습니다.

> 모든 교육과정 기대치와 자원이 같은 곳에 있기에 새로운 교사들조차도 단원을 쉽게 이해하고 실행할 수 있습니다.

무엇보다도 우리 그룹은 일반화와 초점 질문을 작성하는 데 어려움을 겪었습니다. 이러한 진술과 질문의 문구는 정확해야 합니다. 우리는 종종 여러 번 쓰고 고쳐야만 했습니다. 단원에서 이 부분을 작성하는 데에 가장 많은 시간이 소요되었지만, 전문적 대화에 있어서 가장 의미 있는 성과를 거두었습니다. 우리는 일반화가 충분히 엄격하고 초점 질문이 학생들이 배우기를 원하는 방향으로 안내하는지 확인하고자 합니다.

현재 우리가 직면한 가장 큰 도전은 단원을 완성하고 다른 교사들을 훈련한 후, 최종적으로 전개 계획을 세울 시간을 확보하는 것입니다. 우리는 초등학교 언어 교과 컨설턴트들이 단원의 대부분을 완성하고 수업 계획 섹션을 완료할 때 교사들을 참여시킬 계획입니다. 우리는 아직 5일간의 전문성 개발 연수 기간에서 시작한 작업을 계속해 나갈 시간을 확보하지 못했습니다. 이 중요한 작업을 방치하지 않겠다고 우리는 결심했습니다. 이미 너무 많은 시간과 에너지가 투여되었습니다. 나는 학생 지식뿐만 아니라 전문가 지식에 대한 사고 수준을 높이는 작업 또한 계속해 나가길 기대합니다.

다음은 데보라 슐츠(Deborah Schultz)의 생각이다. 데보라는 개념 기반 교육과정이 처음 도입될 당시 중학교 8학년 언어 교과 교사였기 때문에 독특한 관점을 제공한다. 그녀는 같은 학교에서 이제는 부교장으로 근무하며 개념 기반 교육과정과 수업의 노력을 계속해서 지지하고 있다. 그녀가 처음에 어떤 어려움을 겪었는지 우리는 그것을 생생히 '들을' 수 있다. 오랫동안 학생의 높은 성과를 끌어내는 것으로 정평이 난 교사로서 그녀는 개념 기반 교육과정이 언어 교과에서 효과가 있을지 확신하지 못했지만 이해가 깊어지며 그녀는 변화를 겪었다.

저는 린 에릭슨(Lynn Erickson)이 교육구 15에 와서 이틀간 열린 전문성 개발 활동을 이끌었을 때 개념 기반 교육과정과 수업을 처음 접하게 되었습니다. 당시 저는 로샹보(Rochambeau) 중학교의 언어 교과 코디네이터로 7학년과 8학년에게 언어 교과를 가르치고 있었습니다.

역사와 과학 분야에서는 이 새로운 유형의 교육과정 작성에 대한 개념과 적용을 쉽게 이해할 수 있었지만 이를 '알아먹고' 언어 교과에 적용하는 데에 나는 큰 어려움을 겪었습니다. 바보 같다 느끼며(제가 바보가 아니란 것을 알면서도) 저는 교장 선생님에게 추가 교육을 요청하여 기술 교사인 교장 선생님과 함께 린이 진행하는 다른 워크숍에 참석하고자 보스턴으로 향했습니다. 하지만 저는 여전히 언어 교과에서 이를 '제대로' 해낼 수 없었습니다.

저는 이것이 다른 학문은 시스템, 유기체, 순환, 환경, 지구, 교통, 문명, 경제, 지리, 정부 등 식별 가능한 구체적 '명사'를 가르치는 반면에 언어 교과 교사들은 읽기와 쓰기 같은 '동사'를 가르치기 때문이라는 결론에 도달했습니다. 언어 교과의 개념을 작성하려 할 때마다 우리는 결국 읽기와 쓰기 능력에 집중하게 되었습니다.

우리가 직면한 또 다른 장애물은 우리가 '책'이나 핵심 소설을 언어 교과 교육과정 전반에서 가르친다는 사실입니다.

7학년은 『블랙버드 연못의 마녀』, 『내 동생 샘은 죽었다』, 『아웃사이더』, 『하이 킹』을 배웠습니다.

8학년은 『밤』, 『경쟁자』, 『앵무새 죽이기』, 『그리스 신화의 영웅, 신 그리고 괴물』을 배웠습니다.

읽기 및 쓰기(해석, 분석, 비평 등)의 기술(동사)을 제외하면 한 소설에서 다음 소설로 전이 가능한 연결 개념, 즉 시대를 초월하는 보편적 구성 요소는 없었습니다. 항상 그런 것은 아니지만 종종 작품을 쓰는 최종 수행 과제도 서로 연결되지 않았습니다.

그리고 약 2년 후, 게이 아이비(Gay Ivey)가 우리 교육구로 와서 독서 선택에 관한 전문성 개발의 날을 이끌었습니다. 그녀의 강연을 듣고 나서 저는 읽기 능력과 관계없이 모든 학생에게 한 권의 핵심 소설을 가르치는 표준에서 벗어나는 게 얼마나 가치 있는지 깨달았습니다. 이렇게 생각이 넓어지고 커지자 저는 개념 기반 교육과정이 언어 교과에서 가능한지 그렇지 않은지 다시 고려하게 되었습니다.

독서 선택을 허용한 첫 시도는 7학년 언어 교과 수업에서 이루어졌습니다. 저 혼자 실험을 해 봤습니다. 핵심 소설 두 권인 『블랙버드 연못의 마녀』, 『내 동생 샘은 죽었다』가 7학년 역사 교육과정(초기 식민지 생활과 미국 독립 혁명)과 병행되는 것을 고려하여, 저는 역사 수업과 주제를 나란히 유지하되 학년을 마무리하는 7학년 역사 수업 단원인 미국 남북 전쟁(the Civil War)에 초점을 둔 책들을 학생들이 읽도록 결정했습니다. 저는 우리 마을의 공공 도서관과 협력하여 미국 남북 전쟁에 초점이 맞춰진 7학년에 적합한 모든 책을 빌렸습니다. 총 100권이 넘는 책이었고 학생들은 책을 살펴보며 관심 있는 책 한 권을 골라 읽을 수 있었습니다.

교수적 측면에서 저는 제 능력을 넘어서는 상황에 처했습니다. 미국 남북 전쟁을 주제로 각기 다른 책을 읽는 100명의 학생을 가르쳐야 했습니다. 읽어 본 적 없는 책들이기에 저는 그 책들이 낯설었고 책에 관한 일반적 교사 질문을 할 수 없었습니다. 게다가 저는 (학생이 100명이니만큼 많은 책이 필요하여) 사서에게 모든 책을 요청했기에 일부 학생은 소설을 읽고 있었지만 대부분은 비소설을 읽고 있었습니다.

교육구가 모든 교육과정에 대해 개념 기반 설계로 이동하고 있었을 뿐만 아니라, 선택을 들여오며 발생한 제 상황으로 인해 저는 개념적으로 가르칠 수밖에 없었습니다. 저의 교사 주도적 질문은 다음과 같이 일반적이어야 했습니다. 이 책을 쓴 작가의 의도는 무엇일까? 독자로서 여러분은 어떤 메시지를 얻었나요? 여러분이 읽은 내용에서 가장 흥미로웠던 점은 무엇인가요? 무엇이 여러분을 경악하게 했죠? 어떤 유사점, 차이점에 대해 옆 사람과 논의할 수 있나요?

> 제가 가장 두려웠던 것은 교장 선생님이 참관을 위해 교실에 들어와 제가 수업을 전혀 통제하지 못한다는 사실을 알아차리는 것이었습니다!

제가 가장 두려웠던 것은 교장 선생님이 참관을 위해 교실에 들어와 제가 수업을 전혀 통제하지 못한다는 사실을 알아차리는 것이었습니다! 제가 약간의 방향과 지침을 제공했으나 대부분의 토론은 학생들이 이끌었습니다. 실험이 끝나고 교실을 완전히 책임질 수 있게 되었을 때만큼 안도감을 느꼈던 적이 없었습니다. 저는 학생들에게 의무적 설문 조사를 나눠 주고 응답이 돌아오길 기다렸습니다. 분명 학생들은 제가 준비되지 않은 채 허둥대는 모습을 보았을 것입니다!

그래서 저는 "역대 최고의 단원이었어요!" "제가 직접 책을 고를 수 있어서 정말 좋았어요!" "우리 이거 더 할 수 있어요?" "이렇게 8학년까지 쭉 가는 건가요? …… 그랬으면 좋겠어요." 등등의 학생 반응에 어안이 벙벙해졌습니다.

제가 어떻게 학생들에게 이런 기회를 다시 제공하지 않을 수 있을까요? 학생의 텍스트 선택권을 늘리고 개념 기반 학습을 더 많이 지원하려면 어떻게 해야 할까요?

저는 8학년도 가르치고 있었기 때문에 그쪽으로 눈길을 돌렸습니다. 수년 동안 모든 8학년 학생은 엘리 위젤(Elie Wiesel)의 회고록 『밤』을 읽었는데, 훌륭하고 매우 감동적인 책이지만 홀로코스트(Holocaust) 생존자가 쓴 유일한 회고록은 아닙니다. 이 책은 역사 교육과정 및 학생들이 방문할 홀로코스트 기념박물관이 있는 워싱턴 D.C. 견학에도 부합했습니다. 회고록 읽기를 마치며 최종 쓰기 과제는 논문 작성이었는데 이러한 종류의 글쓰기가 학생들에게는 첫 시도였고 고등학교 준비에 필요한 '첫걸음'이었기 때문에 저는 수행 과제를 지원하였습니다. 제 마음에 들지 않았던 것은 논문의 '얕음'이었습니다. 안타깝게도 논문 진술은 부자연스러웠고 모든 학생이 "제목인 『밤』은 좋은 제목입니다. 왜냐하면……"처럼 똑같은 문구를 사용해야 했기 때문에 판에 박혀 있었습니다. 이는 작가와 독자인 저 모두에게 지루한 일입니다!

교장 선생님에게 추가적 '시도', 즉 다음 '실험'을 할 수 있도록 허락을 받은 후, 저는 연령대에 적합한 모든 홀로코스트 생존자 회고록을 찾아 읽으며 2005년 여름을 보냈고 6권의 회고록을 선정했는데 『밤』도 포함되었습니다. 저는 모든 학급에서 학생들이 선택할 수 있도록 충분한 양의 책을 주문하는 한편 3~4명으로 구성된 학생 토론 그룹을 확보했습니다. 이는 미국 남북 전쟁 실험에서 얻은 중요한 교훈 중 하나였습니다!

학생들은 읽고 싶은 회고록을 선택하기 전에 최종 활동으로 논문을 작성해야 하며, 논문 진술을 뒷받침하기 위해 책에서 증거를 인용해야 한다는 조언을 들었습니다. 학생들을 안내하고 책을 읽으며 '포스트잇' 증거를 준비할 기회를 주기 위해 저는 학생들에게 "생존자가 되려면 어떤 특성이 필요할까?"라는 포괄적 질문을 던졌습니다.

그러고 나서 제 교직 생활에서 가장 즐거웠던 시간이 시작되었습니다. 학생들은 읽을 책을 스스로 선택하는 기회를 얻어 무척 신이 났습니다. 다양한 읽기 능력 수준을 고려했으며, 여학생들은 남성이든 여성이든 즐거이 읽을 것이지만 남학생들은 남성에 대해 읽을 때 더욱 흥미를 느낀다는 사실을 인식하여 남성 생존자와 여성 생존자를 골고루 선정하는 데 신경을 썼습니다. 그룹 토론은 학생이 주도적으로 이끌었습니다. 그룹 간 '교차 대화(cross-talk)'로 인해 서로의 생존자에 관심을 두게 되면서 많은 학생이 한 권 이상의 회고록을 읽게 되었습니다.

그림책 『크라신스키 광장의 고양이들』을 사용하여 저는 학생들에게 논문에서 사용할 증거를 수집하고 인용하는 방법을 가르쳤고 그 결과는 놀라웠습니다. 학생들은 관계(가족, 친구, 낯선 사람), 인간의 조건, 사랑(그리고 증오)의 깊이, 가족의 끌어당김과 암묵적 책임, 희망, 용기 등에 대한 글을 썼습니다.

저는 돌아갈 수 없었습니다! 이제는 핵심 소설을 읽지 않아도 되고, 학생들이 좋아하든 말든, 읽을 수 있든 없든 한 권의 책을 모든 학생이 읽도록 강요하는 일도 없어졌습니다.

다음으로 우리는 『밤』 한 권을 가르치는 것에서 새로운 단원의 제목을 『홀로코스트』로 결정하는 데까지 나아갔습니다. 두 가지 오류가 발생했는데 첫째, 그것은 개념과 대비되는 소재(topic)였고 둘째, 그것은 사회과의 소재로 언어 교과의 중점이 아니었습니다.

이후 우리는 문학의 개념이지만 홀로코스트 당시에 찾아보기 힘들었던 '관용(Tolerance)'을 고려해 보았습니다.

마침내 우리는 '인간성 대 비인간성: 홀로코스트에서의 회고록'으로 학습 단원을 정했습니다. 개념적 렌즈는 비판적 태도입니다.

그 시점에 가장 큰 걸림돌은 교과 교사들이 통제권을 포기하고 싶지 않아 한다는 것이었습니다. 교사는 수업을 지휘해야 편안하고 익숙함을 느끼는데 개념 기반 교육과정은 그런 역할을 포기하길 바랍니다. 교사는 무대 위의 현자가 아니라 곁에 선 안내자가 되어야 합니다.

이 새로운 아이디어를 향해 교사들을 움직이기 어려웠기에 절박한 심정으로 교사들에게 이미 익숙하며 개념적 단원에 통합할 수 있는 소설로 각 학년을 시작하길 제안했습니다. 제가 『밤』으로 시작한 것처럼요.

8학년: 『앵무새 죽이기』는 성인이 되는 과정, 관점 단원에 통합되었습니다.

7학년: 『블랙버드 연못의 마녀』와 『내 동생 샘은 죽었다』는 역사 소설 단원에 통합되었습니다.

『아웃사이더』와 『하이 킹』은 선과 악 또는 현재처럼 '인간 본성은 보편적인가?'에 대한 개념적 단원에 통합되었습니다.

6학년: 『후트』는 사회적 변화 단원에 통합되었습니다.

5학년: 『손도끼』는 생존에 관한 단원에 포함되었고 특히 자연과 인간의 갈등에 초점을 맞추었습니다.

이후 교육과정을 다시 작성하는 여정이 시작되었으며 이는 어렵지만 가치 있고 보람된 과정입니다. 개념 기반 교육과정은 교수와 학습의 표면 아래로 깊숙이 파고들며, 바로 그 깊이 때문에 교육과정을 만들고 가르치는 데에 헌신과 지성이 요구됩니다.

로샹보 중학교의 언어 교과 교사들이 개념 기반 교육과정을 '받아들이는' 데에 어려움을 덜 겪은 까닭은 교사이자 리더 교사인 제가 직접 '진창을 뒹굴며' 무엇이 효과가 없는지 깨닫고, 효과가 있도록 미세 조정을 했기 때문

> 로샹보 중학교의 언어 교과 교사들이 개념 기반 교육과정을 '받아들이는' 데에 어려움을 덜 겪은 까닭은 교사이자 리더 교사인 제가 직접 '진창을 뒹굴며' 무엇이 효과가 없는지 깨닫고, 효과가 있도록 미세 조정을 했기 때문이라고 믿습니다.

이라고 믿습니다. 저는 교사들에게 무엇을 해야 하는지 말해 주는 권위적 인물이 아니라 먼저 시도하고 수정해 보며 교사들의 질문과 고민에 도움을 줄 수 있는 실천가였습니다. 저는 학생들의 결과에도 매우 신이 났고, 이러한 수업의 전권을 위임받았기 때문에 저의 흥분은 전염성이 있었습니다.

주정부 시험에서 본교 6학년, 7학년, 8학년이 높은 읽기 점수를 받은 것은 새로운 커리큘럼의 긍정적 결과에 대한 증거이자 뒷받침이 됩니다.

개념 기반 언어 교과 교육과정의 장점 중 하나는 단원에 텍스트를 지속해서 추가할 수 있다는 점입니다. 2년 전, 7학년 단원 '인간 본성은 보편적인가?'의 추가 선택 도서로 『헝거 게임』을 구매했습니다. 이 책과 시리즈에 관한 현상은 이미 영화로 증명되었으며, 학생들이 읽기에 흥미를 느끼도록 크게 이바지했습니다.

마지막으로 용감하고 열정적인 리더십을 발휘하여 학교의 전 교과목에서 개념 기반 교육과정을 확실히 시행한 교장 선생님의 성공과 노력에 관한 이야기를 소개한다. 앤서니 살루타리(Anthony Salutari)는 코네티컷주 사우스베리에 있는 로샹보 중학교(RMS)의 교장이며, 데보라(Deborah)도 이곳에서 근무한다. 그는 우수한 교수와 학습을 위해 전념하며 교직원들이 개념 기반 교육과정을 충실하고 성공적으로 실행하는 데 필요한 체계와 도움을 보장하여 '언행일치'를 실천한다.

제가 중학교 교장직을 처음 시작했을 때, 많은 내용 영역 교육과정이 수정 단계에 있었습니다. 수정 작업은 더 전통적 교육과정(목표 목록)에서 벗어나 개념 기반 교육과정 설계로의 이동에 중점을 두었습니다. 이는 많은 교사에게 여러 수준의 스트레스를 유발한 중요한 변화였습니다.

지난 6년 동안 저는 개념 기반 교육과정을 꾸준히 활용하고 있는 선생님들이 편안함을 느끼는 수준까지 엄청난 발전을 이루는 걸 보았습니다. 편안함을 느끼는 수준이 되자 수업 구현의 효율성이 향상되어 학생 성과에 매우 긍정적 영향을 미쳤습니다. 지난 6년을 돌아보면 몇 가지 핵심 영역이 수업과 학생 성과에 개선을 가져왔다는 생각이 듭니다. 분명히 말하자면 저의 개념 기반 교육과정에 관한 전문 지식은 기껏해야 미미했습니다. 따라서 교육과정 개발을 담당하는 교직원이 이 분야의 전문가인 것이 매우 중요했습니다. 교육구 15의 경우 확실히 그랬습니다. 일단 양질의 교육과정을 마련한 후 제가 취한 첫 단계는 모든 교사가 그 교육과정을 따른다는 기대치를 명확하게 전달하는 것이었습니다. 당연하겠지만 교사들은 종종 구체적 기대치를 알지 못하며 자신이 원하는 것을 가르칩니다. 정해진 교육과정을 실행한다는 기대치를 설정하는 것 외에도 저는 팀 회의 시간의 활용에 있어서 수정을 가했습니다. 더 구체적으로 일주일에 3일, 매일 한 교시씩 학년별, 교과 회의에 집중했습니다. 이 회의에서 교사들은 교육과정을 참조하여 다가오는 수업과 평가를 계획해야 했습니다. 이 회의의 회의록은 매달 저에게 제출되었습니다.

회의록에 기반하여 교사들은 교육과정에서 어디쯤 와 있는지 파악하고 발견한 당면 과제를 설명해야 했습니다. 시간이 지남에 따라 교과 회의에서 일관된 교육과정 구현과 공통 평가의 실행에 더욱 집중하여 논의가 이루어졌습니다. 이를 통해 교사는 공통 평가에 대한 학생의 성과를 검토하고 학생의 필요에 따라 다가오는 수업을 조정할 수 있었습니다.

처음에는 교사들이 팀 회의 시간의 새로운 초점에 반발했지만, 수년에 걸쳐 교사들은 교수와 학습에 전념하는 이 시간을 진정으로 소중히 여기게 되었습니다. 우리 중학교는 전문적 학습 공동체 모델을 따르기 때문에 낮 동안 회의 시간이 제공되었습니다. 교사들이 이러한 추가적 계획 시간을 가지지 못했다면 학년별 교과 교사들의 꾸준한 교육과정 실행과 공통 평가 사용을 기대하기 매우 어려웠을 것입니다. 이러한 팀 회의 시간은 교사의 준비 시간에 추가된 것이지 대체된 것이 아님을 분명히 말씀드릴 필요가 있습니다.

저는 교사들을 관찰하면서 학년 수준과 가르치는 교과에 초점을 맞췄습니다. 가르치는 내용이나 교사들의 수업 속도에서 불일치를 발견하면 이유에 대해 확실한 설명이 있을 것이라 기대하며 신속히 주의를 환기했습니다.

각 학문 영역에서 교수 교사 리더(Instructional Teacher Leaders: ITLs)가 있다는 것은 행운입니다. 저는 관찰한 바 일부를 ITLs와 공유했고 그들은 반드시 저의 제안을 월례 회의 안건에 추가하였습니다. 저는 '잡아내기' 위해서가 아니라 교육과정 실행이 제대로 이뤄지고 있는지 명확히 설정된 기대치를 보장하고자 관찰을 한 것입니다. 수업을 참관하며 교사들이 교육과정 실행을 개선하고 있음을 알아차릴 수 있었습니다. 이러한 피드백은 교사들에게 잘 수용되었을 뿐만 아니라 교육과정 사용에 대한 저의 확고한 기대를 강화하는 방안이기도 했습니다. 지난 몇 년 동안 저는 교직원들에게 교육과정 사용의 중요성을 꾸준히 상기시키는 데 중점을 뒀습니다. 우리 언어 교과 개념 기반 교육과정은 학생들이 더 많은 선택을 하도록 지원하기에 저는 교사들이 교육과정의 다양한 단원을 가르치는 데 필요한 자료를 확보하고자 부단히 노력했습니다.

전문성 개발 연수는 개념 기반 교육과정 실행을 지원하는 완벽한 기회입니다. 본교 선생님들과 이야기를 나누며 우리는 전 교직원 전문성 개발 연수가 늘 최선의 시간 활용은 아니란 결론에 도달했습니다. 시간이 지남에 따라 우리는 달갑지 않은 전 교직원 전문성 개발 연수에서 벗어나 이제는 교과와 학년별로 모임을 하게 되었습니다. 이 기간에 교사들은 다가올 수업과 평가를 계획하면서 교육과정에 관한 직접적 작업을 합니다. 우리의 ITLs와 독서 컨설턴트는 교사들이 교육과정 수정 사항을 알고 적용하도록 지원해 주었습니다. 전문성 개발 연수 방식의 전반적 변화뿐만 아니라 ITLs의 지원은 매우 유용했습니다. 저는 모든 학교 관리자들이 전문성 개발 연수를 계획할 때 이를 고려하길 권장합니다.

> 전통적 교육과정에서 개념 기반 교육과정으로 전환하기가 쉬웠을까요? 절대 쉽지 않았습니다. 그만한 가치가 있었을까요? 물론이지요.

전통적 교육과정에서 개념 기반 교육과정으로 전환하기가 쉬웠을까요? 절대 쉽지 않았습니다. 그만한 가치가 있었을까요? 물론이지요. 운 좋게 사무실을 벗어나 교실을 방문할 때마다 점점 더 좋아지는 수업의 질에 감탄하게 됩니다. 학생들은 더 높은 수준에서 생각하고 배우리라 기대됩니다. 수업은 학생들이 정보를 암기하는 것이 아니라 이해하는 데 초점을 맞추고 있습니다. 내용과 자료를 선택할 수 있도록 하여 학생들은 더 흥미롭고 유의미한 학습을 할 수 있습니다. 그리고 앞서 언급했듯이 본교의 시험 점수도 향상되었습니다. 예컨대, 6년 전 주 정부 평가에서 읽기 목표 수준에 도달한 본교 학생 비율은 70% 후반에서 80% 초반이었습니다. 꾸준히 진전이 이루어져 세 학년 모두 최근 주 정부 평가의 읽기 점수가 90%를 넘었습니다. 저는 상당한 발전에 깊은 인상을 받았으며 우리 학생들의 성과가 계속 향상될 것이라 확신합니다.

우리의 성공은 양질의 교육과정, 지속적이며 집중적인 전문성 개발 연수, 공통된 계획 시간, 명확히 설정된 기대치, 성공에 대한 인식, 학생들에게 최선의 이익이 되는 결정을 내리려는 전 교직원의 의지로 빚어낸 산물입니다. 저는 여전히 개념 기반 교육과정 전문가는 아니지만, 로샹보 중학교에서 관찰한 발전이 개념 기반 교육과정을 일관되게 실행한 직접적 결과이기 때문에 이해를 깊이 하기 위하여 최선을 다하고 있습니다.

이 연대기의 뒤에 있는 전문가들과 개념 기반 교육과정을 설계하며 함께 작업할 기회를 누리게 해 주신 많은 선생님께 깊은 감사를 표한다. 그분들은 언제나 나의 생각을 확장시키며 통찰력으로 나를 놀라게 하고 모든 가능성에 대한 나의 신념을 굳건하게 해 준다. 그분들이 이 책에 담긴 아이디어를 온전하게 한다.

참고문헌

Anderson, L. W., & Krathwohl, D. R. (Eds.). (2001). *A taxonomy for learning, teaching, and assessing: A revision of Bloom's taxonomy of educational objectives.* New York: Addison Wesley Longman, Inc.

Bransford, J. D., Brown, A. L., & Cocking, R. R. (Eds.). (1999). *How people learn: Brain, mind, experience, and school.* Washington, DC: National Academies Press.

Common Core State Standards Initiative. (2010). *Common Core State Standards for English Language Arts.* Retrieved from http://www.corestandards.org/assets/CCSSI_ELA%20Standards.pdf

Erickson, H. Lynn. (2007). *Concept-based curriculum and instruction for the thinking classroom.* Thousand Oaks, CA: Corwin Press.

Erickson, H. Lynn. (2008). *Stirring the head, heart, and soul: Redefining curriculum, instruction, and concept-based learning* (3rd ed.). Thousand Oaks, CA: Corwin Press.

Glatthorn, A. A. (1987). *Curriculum renewal.* Alexandria, VA: Association for Supervision and Curriculum Development.

Harris, T., & Hodges, R. (1995). *The literacy dictionary: The vocabulary of reading and writing.* Newark, DE: International Reading Association.

Hattie, J. A. (2009). *Visible learning: A synthesis of over 800 meta-analyses relating to achievement.* New York: Routledge.

Kotter, J., & Rathgeber, H. (2005). *Our iceberg is melting: Changing and succeeding under any conditions*. New York: Saint Martin's Press.

Lanning, L. A. (2009). *Four powerful comprehension strategies for struggling readers Grades 3-8: Small group instruction that improves comprehension*. Thousand Oaks, CA: Corwin Press.

Marzano, R. J. (2003). *What works in schools: Translating research into action*. Alexandria, VA: Association for Supervision and Curriculum Development.

Newmann, F. M., Smith, B., Allensworth, E., & Bryk, A. S. (2001). Instructional program coherence: What it is and why it should guide school improvement policy. *Education Evaluation and Policy Analysis, 23*(4), 297-321.

Perkins, D. (1992). *Smart schools: Better thinking and learning for every child*. New York: Free Press.

Perkins, D. (2009). *Making learning whole*. San Francisco: Jossey-Bass.

Schmoker, M. (2011). *Focus: Elevating the essentials to radically improve student learning*. Alexandria, VA: Association for Supervision and Curriculum Development.

Shoemaker, J. E., & Lewin, L. (1993). Curriculum and assessment: Two sides of the same coin. *Educational Leadership, 50*(8), 55-57.

Sternberg, R. J. (1996). Attention and consciousness. In R. J. Sternberg (Ed.), *Cognitive psychology* (pp. 68-107). New York: Harcourt Brace.

Turner, J. (2003). *Ensuring what is tested is taught: Curriculum coherence and alignment*. Arlington, VA: Educational Research Service.

Zazkis, R., Liljedahl, P., & Chernoff, E. (2007). *The role of examples in forming and refuting generalizations*. Retrieved from http://blogs.sfu.ca/people/zazkis/wp-content/uploads/2010/05/2008-zentralblatt-didaktic.pdf

찾아보기

✏️ 인명

● A

Anderson, L. W. 50, 51

● B

Bloom, B. S. 50
Bransford, J. D. 51
Brown, A. L. 51

● C

Chernoff, E. J. 157
Cocking, R. R. 51

● Cronin

Cronin, R. 197

● E

Erickson, H. L. 112, 121

● F

Federico, M. 197

● G

Glatthorn, A. A. 28

내용

저자 소개

Lois A. Lanning

문해력과 개념 기반 교육과정 설계 분야의 독립 컨설턴트이자 겸임교수이다. 교사에서 시작하여 K-12 읽기 문해력 자문 위원, 교육학 박사, 교장, 교육구 교육과정 책임자 등 다채로운 교육 경력을 쌓았다. 린 에릭슨(H. Lynn Erickson)과 함께 공인된 개념 기반 교육과정 전문가이다.

〈주요 저서〉

Lanning, L. A. (2009). *Four Powerful Strategies for Struggling Readers, Grades 3-8*. Corwin & IRA.

Lanning, L. A. (2013). *Designing a Concept-Based Curriculum for English Language Arts*. Corwin.

Erickson, H. L., & Lanning, L. A. (2014). *Transitioning to Concept-Based Curriculum and Instruction*. Corwin.

Lanning, L. A. & Brown, T. (2019). *Concept-Based Literacy Lessons*. Corwin.

역자 소개

김규대(Kyudae Kim)

대구교육대학교 교육대학원 교육학 석사(국제 바칼로레아 전공) 수료
Erickson & Lanning 개념 기반 교육과정 및 수업(CBCI) 공인 지도자
현 경상북도교육청 소속 초등교사
　　네이버 카페 아공(IB 공교육 연구소) 대표교사
이메일 thearoma7@naver.com

김희정(Heejung Kim)

대구교육대학교 교육대학원 교육학 석사(국제 바칼로레아 전공) 수료
Erickson & Lanning 개념 기반 교육과정 및 수업(CBCI) 공인 지도자
현 경상남도교육청 소속 초등교사
　　네이버 카페 아공(IB 공교육 연구소) 대표교사
이메일 godandkhj@gmail.com

박진아(Jina Park)

대구교육대학교 교육대학원 교육학 석사(국제 바칼로레아 전공) 수료
Erickson & Lanning 개념 기반 교육과정 및 수업(CBCI) 공인 지도자
현 경상남도교육청 소속 초등교사
　　네이버 카페 아공(IB 공교육 연구소) 대표교사
이메일 msjinadream@gmail.com

IB 및 국가 교육과정 실현을 위한

언어 교과 개념 기반 교육과정 설계하기

Designing a Concept-Based Curriculum for English Language Arts:
Meeting the Common Core with Intellectual Integrity, K-12

2025년 1월 10일 1판 1쇄 발행
2025년 2월 20일 1판 2쇄 발행

지은이 • Lois A. Lanning
옮긴이 • 김규대 · 김희정 · 박진아
펴낸이 • 김진환
펴낸곳 • ㈜ 학지사

04031 서울특별시 마포구 양화로 15길 20 마인드월드빌딩
대표전화 • 02)330-5114   팩스 • 02)324-2345
등록번호 • 제313-2006-000265호

홈페이지 • http://www.hakjisa.co.kr
인스타그램 • https://www.instagram.com/hakjisabook

ISBN 978-89-997-3284-3 93370

정가 18,000원

출판미디어기업 **학지사**

간호보건의학출판 **학지사메디컬** www.hakjisamd.co.kr
심리검사연구소 **인싸이트** www.inpsyt.co.kr
학술논문서비스 **뉴논문** www.newnonmun.com
교육연수원 **카운피아** www.counpia.com
대학교재전자책플랫폼 **캠퍼스북** www.campusbook.co.kr